Família

Edição revisada e atualizada

David J. Merkh • Carol Sue Merkh
(com Silas e Weslania Cunha e Eduardo e Karen Ferraz)

© 2000 e 2016 por David J. Merkh e
Carol Sue Merkh

Revisão
Andrea Filatro
Priscila Porcher

Capa
Maquinaria Studio

Diagramação
Sonia Peticov

3ª edição - Janeiro de 2016
Reimpressão - Novembro de 2019

Gerente editorial
Juan Carlos Martinez

Coordenador de produção
Mauro W. Terrengui

Impressão e acabamento
Imprensa da Fé

Todos os direitos reservados para:
Editora Hagnos
Av. Jacinto Júlio, 27
04815-160 - São Paulo - SP - Tel (11)5668-5668
hagnos@hagnos.com.br - www.hagnos.com.br

Dados Internacionais de Catalogação na Publicação (CIP)
(Câmara Brasileira do Livro, SP, Brasil)

Merkh, David John -
101 Idéias criativas para a família / David e Carol Sue Merkh. -- São Paulo, SP: Hagnos
2001, 2016 - (101 idéias criativas).

ISBN 978-85-88234-11-4

1. Criação de crianças - Aspectos religiosos 2. Dez mandamentos 3. Família - Aspectos
religiosos I. Merkh, Carol Sue. II. Título III. Série

01-1310   CDD-248.4

Índices para catálogo sistemático:
1. Família : Prática religiosa : Cristianismo 248.4

Editora associada à:

Para os alunos casados do Seminário
Bíblico Palavra da Vida...

Que este livro estimule suas ideias, fortaleça
suas famílias e estreite os laços de amor,
para a glória de Deus para toda a eternidade.

Soli Deo Gloria

Sumário

Prefácio	11
Introdução	13

1. Ideias para o relacionamento

marido/esposa	17
1. Cesta de amor	18
2. Tempo de sofá	18
3. *Replay* da lua de mel	19
4. Protegendo o relacionamento	20
5. Caça ao tesouro	21
6. Encontro particular	21
7. Mamãe! Papai te ama!	21
pais/filhos	23
8. Vestindo a camisa familiar	25
9. Jantar nostálgico	25
10. Você já fez junto?	25
11. Versículos e lembretes	27

12. Princípios de disciplina	27
13. Desenhando o sermão	29
14. Dia da vovó	29

2. Ideias para a comunicação familiar

15. O concílio de família	34
16. Diário da família	35
17. A regra de interrupção	36
18. Código falar 10	37
19. A janela aberta	37
20. Código à distância	38

3. Ideias para a noite da família

21. Cinema em casa	42
22. Noite dos elogios	42
23. Noite de jogos	42
24. Cego por uma noite	43
25. Passeio na natureza	43
26. Leitura dinâmica	43
27. Noite de talentos	44
28. Noites temáticas	44
29. A linha-mestra	45
30. Selando compromissos	45
31. Campincasa	45
32. Visita ao corpo de bombeiros	46
33. Destino desconhecido	46

4. Ideias de preparação para o casamento

34. Pacto familiar de namoro	50
35. Listas de qualidades	50
36. Estágio dos noivos	51
37. A chave do coração	52
38. O baú do tesouro	53

39. Aconselhamento pré-nupcial	54
40. Encontros individuais	54
41. Despedida dos filhos	55

5. Ideias para aniversários

42. Esqueceram de mim	59
43. Rei/rainha por um dia	60
44. Aniversário chá chique	60
45. Festa temática	60
46. Hotel em casa	61
47. Bodas de casamento	61
48. Aniversário fora de época	62
49. Bandeiras especiais	63
50. Aniversários espirituais	63
51. Festa de maioridade	63
52. Celebrando amizades	64

6. Ideias para lembranças e memoriais

53. Árvore genealógica	68
54. Cápsula de tempo	68
55. Brasão familiar	68
56. Prateleira de memoriais	69
57. Colcha de memórias	71
58. Enfeites anuais	72
59. Álbum de memórias	72
60. Gravações e filmagens	72
61. O legado familiar	73

7. Ideias para viagens

62. Vinte perguntas	77
63. Eu vejo	78
64. Vou viajar e estou levando	78
65. Rodízio de cânticos	78

66. Limpeza do ambiente 78
67. Soletrando 79
68. Surpresas embrulhadas 80
69. Tarefas designadas (viagens longas) 80

8. Ideias para refeições

70. Piquenique no quintal 86
71. Cozinheiro novo 86
72. Minha filha de valor 86
73. Jantar chique do supermercado 87
74. Jantar do vovô 87
75. Oração familiar 88
76. Café colonial 88
77. Jantar progressivo 88
78. Festa de louças 89
79. O prato "Você é especial" 89
80. Assentos designados 90

9. Ideias para o ministério familiar

81. Declaração de propósitos da família 94
82. Alvos da família 95
83. O sonho da família 96
84. Presente para Jesus 97
85. Arrecadação social:
Cesta básica surpresa 98
86. Viagens missionárias 98
87. Projeto adoção 99
88. Projetos ministeriais 99
89. Projeto arrastão 100
90. Brincando no orfanato 100
91. Jantar dos vizinhos 100
92. Oferta familiar 101
93. O refúgio aberto 101

10. Ideias para finanças

94. Crédito automático		106
95. Cartão de crédito		107
96. Tarefas de casa		107
97. O orçamento familiar		108
98. Projeto economia		108
99. O valor do real		109
100. Quanto custa?		109
101. Multiplicando os talentos		110

Conclusão	111
Apêndices	113
Notas	119

Prefácio

Como laboratório, foi um lugar ideal: uma casa de praia no litoral norte de São Paulo. Os cientistas? Professores e alunos do Seminário Bíblico Palavra da Vida. As cobaias? De fato, o mesmo grupo, treze pessoas em número, pais e mães, com sete crianças. A experiência? Pesquisar, sonhar, experimentar e anotar tantas ideias quanto fosse possível durante uma semana, ideias que serviriam de apoio para a família cristã. O resultado? Este, o quarto volume da série *101 ideias criativas*.

Mais um livro sobre a família?, você pergunta. Seria possível dar uma nova contribuição a um mercado evangélico já repleto de material sobre o lar? A resposta é "sim"... e "não".

"Não", porque este livro, assim como os primeiros três volumes desta série, não se propõe a inventar "algo novo debaixo do sol". De fato, é uma compilação de diversas ideias extraídas de muitas fontes. Como alguém disse, "copiar de uma fonte só é plágio; copiar de muitas fontes é pesquisa".

Na nossa pesquisa, tanto em inglês quanto em português, procuramos descobrir ideias práticas e bíblicas para a família

12 | 101 ideias criativas para família

brasileira. Também recordamos experiências marcantes em nossas próprias histórias familiares que poderiam servir de incentivo para outros.

Algo novo sobre a família? "Sim", existe um aspecto de originalidade muito importante neste livro. Pelo que pesquisamos, não há outro livro de ideias desta natureza no contexto brasileiro — um livro objetivo, prático e bíblico, que resume os frutos de experiência de vida no lar cristão de várias gerações.

Nosso trabalho foi mais agradável em função do nosso interesse pessoal no produto final. Não éramos meros pesquisadores acadêmicos; nossa motivação foi a sobrevivência pessoal, pois todos somos membros de família, pais e ministros do evangelho apaixonados pelo sucesso da família brasileira.

Este livro é para você, caro leitor, que deseja descobrir ideias que funcionarão em sua família. Mas este livro é para nós também, pois almejamos ter famílias que glorifiquem a Deus num contexto cada vez mais hostil a valores cristãos.

Se o Senhor não edificar a casa,
em vão trabalham os que a edificam.
Salmo 127.1

Introdução

Cenário 1: Primeiro dia de férias escolares. Dez horas da manhã.

— Manhêêê, não tenho nada pra fazer!

— Vá brincar com seus soldadinhos.

— Não quero!

— Vá assistir à televisão.

— Não tem nada de bom.

— Vá brincar na casa do Tiago.

— Ele não está em casa.

— Então faça um desenho.

— Já fiz.

— Então pergunte a seu pai.

— Ele me mandou falar com a senhora...

Cenário 2: Com grande sacrifício, planejamento e não sem algumas reclamações, a família Santos finalmente conseguiu separar uma noite para todos passarem juntos.

MÃE: Que bom, a família toda reunida! O que vamos fazer?

PAI: Foi ideia sua... Pensei que você tivesse planejado algo.

MÃE: Você é o cabeça do lar... Pensei que você teria algo especial.

JÚNIOR (interrompendo): Vamos ao parque!

MARIA: Mas choveu a tarde toda... Está tudo molhado... Já sei! Vamos brincar de esconde-esconde!

MÃE: Neste apartamento? Não tem lugar para um ratinho se esconder.

PAI: Podemos lavar o carro...

JÚNIOR: Ô, paiêêê... O senhor disse que iríamos nos divertir juntos!

MÃE: Já sei! Vamos olhar o álbum de fotos da...

TODOS: Aaahhhhh...

PAI: Eu tenho uma ideia...

JÚNIOR: O que, pai?

MARIA: Conta!

PAI: Vamos assistir à televisão!

TODOS: Legal! É isso aí! Vamos assistir à TV!

Ideias. Estão mais em falta do que paz no Oriente Médio e dinheiro no bolso.

Nossa intenção neste livro de ideias criativas para a família é oferecer um pouco desta mercadoria tão escassa hoje em dia: ideias. Não para substituir sua criatividade, mas para estimulá-la. Todas as ideias que reunimos aqui funcionam, mas nem todas terão o mesmo valor para a *sua* família. Nenhuma família será capaz de experimentar todas elas. Nem deve tentar. Mas a sua família — como a nossa — certamente poderá aproveitar algumas ideias interessantes.

A nossa oração é que Deus use estas ideias para fortalecer seu lar, tornando-o um lugar agradável, vivo, dinâmico e, acima de tudo, bíblico. Esta é uma boa ideia.

1

Ideias para o
relacionamento

marido/esposa

Melhores amigos. Este é o ideal bíblico para o relacionamento marido-esposa (Provérbios 2.15-17; cf. Gênesis 2.18-20). Deus criou a mulher para ser uma companheira, uma auxiliadora, alguém que completa o que falta no homem (e vice-versa) (Gênesis 2.18-20). Infelizmente, muitos homens encaram suas esposas não como "auxiliadoras idôneas", mas como "ameaçadoras medonhas".[1] Preferem ter esposas que não questionam, não opinam, não discordam e não pensam. São maridos inseguros e egoístas, ameaçados por qualquer sucesso de suas esposas.

Ao mesmo tempo, muitas mulheres não entendem a dignidade do seu papel no lar, menosprezando-o ou procurando uma *libertação*. Precisamos reconhecer a dignidade e a preciosidade da união matrimonial e dos nobres papéis que Deus atribuiu ao homem e à mulher. Juntos, homem e mulher refletem algo precioso da imagem de Deus que somente se vê em comunidade: duas pessoas distintas, mas unidas; diferentes, mas iguais; com funções específicas e igualmente dignas; com variedade de habilidades, mas unidade de propósito (Gênesis 1.27). Tudo isso, um reflexo da Santa Trindade.

18 | 101 ideias criativas para família

Além disso, a união marido-esposa reflete aspectos do amor incondicional de Deus para com seu povo, tanto Israel quanto a igreja: paciência, misericórdia, graça, bondade etc. Que privilégio Deus deu a estes "melhores amigos": refletir a glória divina através do seu próprio relacionamento! O casal deve proteger seu relacionamento a qualquer custo, não por amor às crianças, não para preservar seu *testemunho* perante os vizinhos, não para garantir sua *reputação* diante dos membros da igreja, mas sim para refletir na terra a imagem de Deus! Cultivar esta amizade é uma tarefa que durará uma vida. As ideias que seguem pretendem fornecer sugestões práticas para que isso aconteça.

1 Cesta de amor

- *Material necessário:* Cesta de vime pequena, enfeitada; 30 bombons; 30 pequenas mensagens de amor para seu cônjuge escritas em pequenas tiras de papel.
- *Procedimento:* Embrulhe as mensagens, uma em cada bombom. Faça (ou encomende em uma floricultura) um arranjo de flores na cesta e inclua os bombons. Escreva um cartão com a seguinte instrução: "Abrir um bombom a cada dia do mês. Em todos eles você terá uma pequena surpresa". Entregue a cesta pessoalmente ou através de um mensageiro.
- *Variação:* Cesta com 365 bombons (um para cada dia do ano).

2 Tempo de sofá

Gary e Anne Marie Ezzo, do ministério Educação de Filhos à Maneira de Deus, oferecem uma excelente sugestão para proteger a centralidade do relacionamento marido-esposa contra as tendências do *filhocentrismo* dos nossos dias. Muitas vezes,

Ideias para o relacionamento | 19

quando papai ou mamãe chega em casa depois de um dia difícil de trabalho, a tendência é voltar toda a atenção para os filhos, para o jornal ou para a TV. Mas crianças seguras precisam ver evidências concretas de que mamãe e papai se amam e de que o relacionamento deles está firme e saudável. Para isso, sugere-se um *tempo de sofá*, ou seja, uns 10 ou 15 minutos de conversa particular e ininterrupta entre os dois num lugar mais ou menos visível para as crianças. Nesses primeiros minutos depois de voltar do serviço, os dois devem compartilhar os eventos do seu dia: preocupações, dificuldades e vitórias.[2]

As crianças precisam ser instruídas de que esses momentos são preciosos para mamãe e papai, e de que não devem ser interrompidos, a não ser em casos de emergência. Talvez leve alguns dias para elas compreenderem o ponto, mas logo o *tempo de sofá* se tornará hábito saudável não somente para o relacionamento marido-esposa, mas também para a segurança dos filhos no amor de seus pais. "O melhor presente que um pai pode dar a seus filhos é amor pela mãe deles!"

3 *Replay* da lua de mel

Programe um fim de semana no mesmo hotel onde o casal se hospedou na lua de mel. Preferencialmente reserve o mesmo quarto. Planeje passeios aos melhores lugares onde o casal esteve para relembrar os momentos agradáveis que tiveram em sua lua de mel.

- *Variações:*
  - a) Programe o evento para a data de comemoração do aniversário de casamento.
  - b) Este evento poderá ser preparado pelos filhos como presente-surpresa aos pais.

c) Uma experiência renovadora no casamento é a lembrança e a repetição dos votos nupciais. Pode ser feita anualmente, na celebração do seu aniversário de casamento, num culto especial, diante da própria família, ou como parte do *replay* da lua de mel. Seria uma ótima ideia registrar os votos e colocá-los num lugar de destaque em casa.

4 Protegendo o relacionamento

Nestes dias em que a fidelidade conjugal é assolada por todos os lados, marido e esposa precisam tomar providências para evitar qualquer deslize. "Melhor prevenir do que remediar!" Talvez pareça *careta*, mas o homem que ama sua esposa faz de tudo para evitar situações comprometedoras, e vice-versa. O próprio patriarca Jó não ficou isento de tentação sexual e ergueu paredes de proteção em sua vida: *Fiz um acordo com os meus olhos de não cobiçar moça alguma* (Jó 31.1).

Algumas ideias práticas de proteção para o homem (ou a mulher) incluem:

a) Postar fotos da esposa ou do marido no escritório, no carro, na agenda ou na carteira;

b) Fazer ligações frequentes para casa quando estiver viajando;

c) Desligar a televisão no hotel em que se está hospedando — ou melhor, pedir um quarto sem televisão;

d) Desviar os olhos da banca de jornais;

e) Evitar ficar a sós com pessoas do outro sexo no carro, no escritório etc.;

f) Elogiar o cônjuge na presença de outras pessoas;

g) Enviar (ou deixar) pequenos bilhetes de amor na mala do cônjuge ou espalhados em casa;

h) Conseguir um parceiro (para o marido) ou parceira (para a mulher) de oração para prestação de contas mútua, para verificar se estão caminhando bem nesta área de sua vida.

Ideias para o relacionamento | 21

5 Caça ao tesouro

- **Material necessário:** Dicas, prêmio.
- **Procedimento:** Um dos cônjuges prepara um *tesouro* para o outro e o esconde. Prepare várias pistas, cada uma levando à próxima e terminando no tesouro. Entregue a primeira pista ao cônjuge e deixe-o seguir o percurso das pistas até chegar ao tesouro. Seja criativo. Use vizinhos, parques ou lojas para esconder as suas pistas.

6 Encontro particular

Durante o namoro, o casal mal consegue esperar o próximo encontro ou a próxima oportunidade de estar em companhia um do outro em um lugar especial. Esta paixão precisa ser mantida durante o casamento. Marcar encontros particulares, sem os filhos, é uma maneira de fortalecer o relacionamento conjugal. Não permita que as dificuldades financeiras, o corre-corre da semana ou a chegada dos filhos criem obstáculos em seu relacionamento. Seu *encontro* pode ser um passeio no *shopping center* ou no parque, um almoço especial, um lanche no final da tarde ou até mesmo uma saída para um dia e uma noite no apartamento de um amigo. Não importa tanto *o que* vocês fazem, desde que separem tempo só para vocês dois.

7 Mamãe! Papai te ama!

- **Material necessário:** Flores, cartões, pequenas lembranças.
- **Procedimento:** Sem que a mamãe saiba, conte a seus filhos o quanto a ama e que você deseja demonstrar isto a ela. Sugira algumas maneiras de demonstrar seu amor por ela e peça sugestões a eles de como fazê-lo. Prepare junto com

seus filhos a sugestão escolhida e deixe que eles façam a entrega.

- *Variação:* Papai! Mamãe te ama!

- **Observação:** Para muito mais ideias para fortalecer o relacionamento conjugal, veja *101 ideias para paparicar seu marido* e *101 ideias para paparicar sua esposa* (Ed. Hagnos).

pais/filhos

Podemos resumir a responsabilidade que a Bíblia dá aos pais cristãos em duas palavras:

- Criação (discipulado)
- Correção (disciplina — veja Efésios 6.4)

Para cumprir seu dever, é necessário criar um relacionamento aberto, mutuamente respeitoso, num contexto de amor incondicional. Sobretudo, vocês precisam passar tempo juntos, tempo de qualidade e tempo em quantidade.

Quase todos os textos que tratam da relação entre pais e filhos na Palavra de Deus destacam o papel fundamental dos pais (não da creche, não da professora da EBD nem do líder dos adolescentes) na transmissão da sua fé à próxima geração. Precisamos resgatar esta ênfase bíblica na criação de nossos filhos.

Enquanto os pais criam e corrigem seus filhos, precisam tomar cuidado para não os provocar à ira. Isto não significa que os pais devem fazer somente o que agrada os filhos. Os pais são autoridade na vida de seus filhos; e a amizade é o alvo final do processo de criação, não o ponto de partida.

E vós, pais, não provoqueis a ira dos vossos filhos... (Efésios 6.4).

Pais, não irriteis vossos filhos, para que eles não fiquem desanimados (Colossenses 3.21).

Há muitas maneiras de os pais provocarem ou desanimarem seus filhos. Pense nesta lista representativa:

- Espancamento
- Abuso
- Disciplina com gritaria ou raiva
- "Pegar no pé"
- Negativismo (sempre criticar, nunca elogiar)
- Conflito entre os pais (autoridade dividida)
- Comparações entre irmãos
- Ridicularização (envergonhar publicamente o filho)
- Ameaças (não cumpridas)
- Frustração (não insistir em obediência imediata, depois de dar ordem uma vez em tom normal de voz)
- Regulamentos vagos, inconstantes, demasiados e sem exemplo de vida dos pais
- Falta de disciplina
- Falta de tempo para os filhos
- Falta de pedido de perdão quando os pais erram
- Conflitos conjugais[3]
- Filhocentrismo (quando os filhos estão no centro do universo familiar, e não o relacionamento conjugal)

Para incentivá-lo na valiosa tarefa de criar filhos na "admoestação e disciplina do Senhor", oferecemos ideias que servirão não somente para fortalecer o relacionamento entre pais e filhos, mas também ajudá-los a transmitir sua fé para seus filhos, netos, bisnetos...

8 Vestindo a camisa familiar

A família saudável tem forte senso da sua própria identidade, ou seja, todos se sentem membros de um time. Os pais provocam um senso de identidade quando elogiam publicamente seus filhos e declaram sua alegria em participar desse time. Fazer uma declaração de propósitos, juntamente com objetivos de curto e longo prazo (veja a seguir), ajuda neste sentido. A formulação de sonhos familiares (idem) também pode contribuir para uma unidade especial.

Que tal desenhar e fabricar uma *camisa familiar* para cada membro da família? Esta camisa pode ser feita por encomenda em muitas lojas, ou através de alguns programas de computador e uma boa impressora. Seria ótimo imprimir uma foto da família na frente da camisa e o sobrenome nas costas ("Família Silva", por exemplo). Pode-se incluir o versículo predileto da família, os nomes dos membros ou outros pontos de destaque familiar.

9 Jantar nostálgico

O jantar deverá ser preparado pelos filhos. A sala será decorada especialmente para este evento, com flores, velas e talheres especiais. Após o jantar, servido pelos filhos, os pais serão entrevistados e poderão mostrar algumas fotos do tempo de namoro, contando e relembrando fatos pitorescos (interessantes e engraçados).

10 Você já fez junto?

"Fazer coisas juntos dá aos filhos não apenas a sensação de serem amados, mas também de pertencerem" (John M. Drescher).

26 | 101 ideias criativas para família

Pense na seguinte lista como sendo representativa de muitas atividades que pais e filhos podem fazer juntos. Quantas vocês já fizeram? O propósito da lista não é jogar culpa, mas estimular pais e filhos a resgatar tempo precioso juntos. Coloque um "X" ao lado de cada atividade que conseguir realizar com seus filhos ao longo dos anos:

- [ ] Jogar bola
- [ ] Fazer e empinar pipas (papagaios)
- [ ] Andar de bicicleta
- [ ] Pescar
- [ ] Caminhar no mato
- [ ] Ler um livro
- [ ] Estudar
- [ ] Assistir a um filme
- [ ] Ir ao parque
- [ ] Ir ao zoológico
- [ ] Ir ao circo
- [ ] Fazer um carrinho de rolimã
- [ ] Montar um modelo de avião
- [ ] Sair juntos para um almoço/jantar
- [ ] Fazer compras
- [ ] Fazer pequenos consertos na casa
- [ ] Lavar o carro
- [ ] Plantar uma árvore ou hortaliça
- [ ] Arrumar a casa ou o depósito
- [ ] Fazer um piquenique
- [ ] Montar um quebra-cabeça
- [ ] Ir ao *shopping*
- [ ] Cozinhar
- [ ] Fazer um churrasco
- [ ] Pegar ondas
- [ ] Subir uma montanha

Ideias para o relacionamento | 27

☐ Fazer um móvel de madeira
☐ Jogar futebol
☐ Brincar com jogos de mesa
☐ Contar piadas

11 Versículos e lembretes

- **Material necessário:** Cartõezinhos em branco ou decorados.
- **Procedimento:** Identifique áreas na vida dos filhos e pais nas quais estejam passando por alguma dificuldade. Procure versículos bíblicos e escreva-os em um cartão, ou registre alguma mensagem que os incentive a lutar para superar o problema. Coloque em lugares visíveis, tais como nas paredes do quarto, embaixo do prato, na maleta da escola, no computador, na bicicleta. Faça dos lembretes uma brincadeira gostosa, e não um jogo de culpa.

12 Princípios de disciplina

Infelizmente, não existe um método uniforme para todo caso de disciplina. O que funciona para uma criança de 3 anos talvez seja totalmente inapropriado para um pré-adolescente de 12, e vice-versa. Ao mesmo tempo, há muita confusão sobre como administrar disciplina de forma que comunique amor incondicional, mas se mostre firme contra o pecado. A seguir, uma sugestão de passos na administração de disciplina, seja qual for o método escolhido:[4]

- Verificar se a instrução ou proibição foi feita de forma clara, objetiva e com entendimento (sugere-se que a criança responda "sim, papai" ou "sim, mamãe" depois de receber uma instrução para verificar se houve entendimento). Às vezes, a desobediência é contra um princípio claro que a criança já

28 | 101 ideias criativas para família

devia conhecer. Os pais não devem ter medo de disciplinar se sabem que a criança já entende o princípio.

- Verificar se a criança realmente desobedeceu à instrução/proibição de forma premeditada.
- Verificar se a criança reconheceu o que fez de errado e por que os pais precisam discipliná-la (veja Hebreus 12.3-11).
- Escolher a melhor forma de disciplina. Geralmente, ela segue dois rumos: a aplicação da vara (veja Provérbios 19.18) e as consequências naturais (Provérbios 19.19). A idade da criança, a natureza da ofensa e outros fatores contextuais ajudarão neste sentido.
- Afirmar seu amor incondicional e explicar exatamente o que você pretende fazer para disciplinar seu filho.
- Dar oportunidade para a criança pedir perdão (não desculpas). Até isto acontecer, não há base de restauração do relacionamento.
- Verificar se você não está administrando a disciplina em ira (se for necessário, peça um tempo para você mesmo corrigir sua atitude).
- Aplicar a disciplina apropriada.
- Verificar se a criança aceitou a disciplina sem criar escândalo ou com choro demasiado; caso contrário, terá de ser disciplinada outra vez (veja Provérbios 3.11,12, sobre a importância de aceitar disciplina/correção).
- Afirmar seu amor incondicional pela criança com expressões verbais e físicas.
- Orar com a criança.
- Voltar à sua vida normal, sem falar da ofensa para outros ou usá-la como arma contra a criança.

Este processo parece demorado — e é! Custa para ser cumprido. Mas lembre-se de que nem toda ofensa exigirá o processo todo. Depois de alguma experiência, os passos se tornarão naturais e espontâneos, até o ponto em que você verá sua filha usando os mesmos critérios para *disciplinar* as bonecas dela!

13 Desenhando o sermão

- *Material necessário:* Lápis/caneta; caderno.
- *Procedimento:* Uma das maiores dificuldades que pais enfrentam na igreja é como manter seus filhos sob controle no culto quando não há programação especial para eles. Além disso, como fazê-los prestar atenção à mensagem e às outras atividades do culto?

Uma resposta que encontramos e que funciona muito bem com alguns dos nossos filhos é pedir que desenhem a mensagem. Para este fim, providenciamos um caderno com lápis ou caneta. Para os menores, damos sugestões durante a mensagem sobre o que devem ilustrar. Os mais velhos conseguem fazer isso sozinhos.

Que tal mostrar para seu pastor o sermão dele ilustrado por seu filho? Talvez seja um dos maiores incentivos que ele receberá naquela semana!

14 Dia da vovó

Exige bastante coragem, mas uma ideia que tem deixado uma marca profunda na nossa família é o "Dia da vovó". Quando possível, a vovó designa um dia da semana, de manhã ou à tarde, como "Dia da vovó". Os netos que moram perto congregam-se na casa dela para um dia especial só deles. Além de ser um alívio tremendo para as mães, as crianças criam memórias que nunca esquecerão. Brincam no quintal da avó, leem livros juntos, fazem trabalhos manuais e trabalham. É o dia mais esperado da

30 | 101 ideias criativas para família

semana e uma oportunidade para a vovó continuar investindo o amor de Deus na vida dos seus descendentes. Mesmo que você não consiga um dia por semana ou um dia por mês, um "Dia da vovó" ocasional contribuirá muito para o desenvolvimento dos netos — e para a sanidade mental de suas mães!

- **Observação:** Para muitas ideias para o Dia da vovó, veja o livro *O legado dos avós* (Ed. Hagnos).

2

Ideias para a
comunicação familiar

"**Dá-me ouvidos,** filho meu" é o chamado que o pai/autor de Provérbios faz quase dez vezes. O pai sábio ganha os ouvidos do seu filho para poder transmitir-lhe informações que certamente mudarão o rumo de sua vida.

Como ganhar os ouvidos de seus filhos? Como abrir linhas de comunicação que permitam aos pais ser as principais influências em suas vidas? Uma maneira seria concordar, como família, em seguir estas "regras de comunicação", adaptadas de H. Norman Wright para facilitar a comunicação familiar:[5]

1. Seja um ouvinte atencioso e não responda até que a outra pessoa tenha acabado de falar (Provérbios 18.13; Tiago 1.19).
2. Fale sempre a verdade e faça-o em amor, sem exageros; mas também sem contar *verdades* desnecessárias (que magoem gratuitamente; Efésios 4.15,25).
3. Nunca use o silêncio como arma. Explique seus motivos para não falar naquela hora.
4. Não se envolva em brigas. É possível discordar sem brigar. Aprenda a resolver sua ira sem necessariamente resolver a

34 | 101 ideias criativas para família

questão (Provérbios 17.14; 20.3; Romanos 13.13; Efésios 4.26,31).

5. Não responda com raiva. Use a resposta branda e bondosa (Provérbios 15.1).

6. Quando estiver errado, admita-o e peça perdão (não "desculpas"; desculpas funcionam para acidentes, o perdão dirige-se às ofensas; Tiago 5.16). Não lembre de ofensas já perdoadas, nem as utilize em discussões subsequentes (Efésios 4.32).

7. Não ataque pessoalmente outra pessoa nem use nomes pejorativos. Em vez disso, restaure, anime, edifique (Romanos 14.13; Gálatas 6.1; 1Tessalonicenses 5.11). Se alguém atacar você verbalmente, não reaja da mesma forma (Romanos 12.17,21; 1Pedro 2.23; 3.9).

8. Tente compreender a opinião do outro. Deixe espaço para as diferenças (Filipenses 2.1-4; Provérbios 18.2).

A seguir, algumas ideias que têm este alvo em mente: comunicação saudável entre pais e filhos!

15 O concílio de família

No decorrer do ano, promovam reuniões oficiais para tratar dos "negócios de família" — assuntos mais sérios — e/ou tomar decisões que afetam todos os membros da família. Se possível, o pai deve presidir. A reunião começará e terminará com oração e será objetiva, mesmo que o assunto a tratar seja difícil.

Algumas regras básicas que devem ser observadas:

1. A opinião de cada membro deve ser ouvida com respeito.

2. Ninguém pode interromper quando outra pessoa estiver com a palavra.

3. Ninguém pode elevar demais a sua voz.

Ideias para a comunicação familiar | 35

4. Os princípios bíblicos relacionados ao assunto serão procurados e aplicados.
5. No caso de votação, os pais decidem o peso de cada voto, se a decisão exige ou não unanimidade.
6. Assuntos que podem ser tratados no "concílio de família":
   - Onde passar as férias
   - Problemas de relacionamento
   - Decisões financeiras
   - Regras e princípios para o namoro
   - Mudanças de emprego, de casa ou igreja

■ *Variação:* Um livro de atas da família.
Esse livro é o *registro oficial* das decisões, dos eventos e das *atas* de concílios familiares. Alguém deve ser designado como secretário, ou os membros da família podem se revezar nesta função. O livro servirá tanto como memorial dos momentos mais importantes na vida familiar quanto como um registro oficial de decisões tomadas.

16 Diário da família

■ *Material necessário:* Uma agenda confeccionada pela família ou comprada na livraria; uma caneta com cordão amarrada à agenda.

■ *Procedimento:* Nos tempos atuais, a comunicação da família está prejudicada, pois os horários dos familiares em geral não coincidem. Exemplos: quando o pai vai trabalhar, o filho ainda nem acordou; quando a irmã mais nova vai almoçar, o irmão mais velho não chegou da escola. O diário da família tem o propósito de melhorar a comunicação nos diversos contextos do lar e evitar recados errados, avisos esquecidos

36 | 101 ideias criativas para família

e acúmulo de outras coisas que geralmente sobram para as mães. É um ótimo recurso para todos anotarem as coisas que julgam importantes. Assim, se todos derem uma olhadinha no diário, poderão ajudar uns aos outros e manter a dinâmica da comunicação, mesmo sem estar presentes.

- *O que anotar:* Motivos de ações de graças, agradecimento e louvor a Deus; avisos; recados; ideias.
- *Advertências:* Não rasurar, arrancar folhas ou anotar bobagens; esse diário deve ficar num local de fácil acesso para todos.
- *Variação 1:* Durante a semana, cada membro da família escreverá uma mensagem numa agenda ou num caderno de recordações dos outros membros (frase ou poesia que ressalte a amizade). No fim da semana, quando todos estiverem reunidos, cada um deverá ler as mensagens recebidas.
- *Variação 2:* Caso não possuam agenda ou caderno de recordações, as mensagens poderão ser escritas em bilhetes e colocadas no bolso de alguma roupa, nas páginas de um livro que o outro membro da família esteja lendo, no caderno escolar ou na porta da geladeira.

17 A regra de interrupção

Quando a criança quer falar com um dos pais, mas ele já está conversando com outra pessoa, em vez de interromper, a criança deve ser instruída a calmamente colocar a mão no braço do pai e aguardar em silêncio sua vez de falar. Isto significa que ela deseja falar com o pai, mas respeita tanto a idade dele quanto a conversa com a outra pessoa. Para reconhecer a presença do filho, o pai então coloca sua mão por cima da mão da criança, avisando silenciosamente que entendeu o pedido. Assim que tiver uma folga na conversa, atenderá a criança.[6]

18 Código falar 10

"Código falar 10" é uma expressão usada por um filho quando ele precisa falar com um de seus pais urgentemente. Os pais que querem estar sempre acessíveis aos seus filhos, mas ao mesmo tempo não desejam ser interrompidos a qualquer hora por qualquer motivo, podem implementar este sistema de *códigos* de 1 a 10. Quando o filho precisa falar numa hora inoportuna para o pai, pode invocar a expressão "Código falar 10", que sinalizará ao pai que o assunto é de grande importância e não pode esperar. Por outro lado, o pai que prefere não ser interrompido pode perguntar ao filho: "Qual é o código?" Se a resposta for "5" ou menos, o filho provavelmente pode esperar. Se for "6" ou mais, o pai precisará avaliar muito bem se deve parar o que está fazendo ou não. Obviamente, os pais precisam treinar seus filhos a usar o sistema com cuidado, não abusando e designando o código certo para cada situação. Também se entende que não é um modelo para qualquer conversa entre pai e filho, mas somente para os momentos em que os pais estão relativamente ocupados.[7]

19 A janela aberta

A "janela aberta" não é tanto uma ideia criativa em si, mas um alerta para os pais aproveitarem os momentos raros e inesperados em que o filho abre, mesmo que por pouco tempo, uma janela para seu mundo interior. Algumas pessoas observaram que cada um de nós tem três *mundos*:

- O mundo público (que todo mundo vê)
- O mundo particular (que nossa família e outras pessoas chegadas veem)
- O mundo privado (que somente se vê por convite especial)[8]

Admitem-se para este último mundo pessoas especiais, que são de confiança para ouvir sobre os sonhos, as decepções, as alegrias e as tristezas mais íntimas. É muito importante para o pai poder reconhecer quando esses momentos se apresentam, e também permitir que ambientes propícios para tal sejam criados em casa. Algumas ocasiões em que crianças costumam abrir o coração incluem:

- A hora de dormir
- Um passeio à noite, sob um céu estrelado
- Ao redor de uma fogueira
- Um tempo a sós com um dos pais
- Depois de uma grande derrota ou decepção

- *Advertência:* Precisamos desenvolver uma sensibilidade muito grande para não desperdiçar ou espezinhar estas oportunidades na vida de nossos filhos. Quando a criança abre a janela da sua alma, não é hora de entrar e fazer um novo arranjo dos móveis do quarto do seu coração, ou seja, dar broncas, lecionar, criticar ou falar "Eu não avisei?" É hora de ouvir, sentir, compadecer-se e compreender.

20 Código à distância

Esta é uma maneira de nos comunicarmos silenciosamente com nossos filhos, com facilidade e precisão, à distância. Um assobio, um estalar de dedos ou outro gesto são códigos eficazes e práticos que muitas vezes deixamos de usar. Os pais devem combinar antes com os filhos o significado do assobio, do som ou do gesto; uma vez combinado, é só fazer uso. Algumas famílias até desenvolvem um *assobio familiar*, um código único para sua família, e que se usa em grandes supermercados, parques etc, para localizar outros membros da família.

3

Ideias para a
noite da família

Um hábito que pode ser cultivado por toda família é a "noite da família". Com tantas demandas da nossa vida tão corrida; com aulas de piano e dança, escolinha de futebol e caratê; com a competição com a TV e a Internet; com as reuniões e os compromissos da igreja; e com as exigências no serviço e na carreira dos pais, torna-se muito mais difícil a família ter *uma* noite em que todos estejam em casa. Para isso, será necessário estabelecer prioridades e dizer "não" a algumas atividades que são boas, mas não são mais importantes que o tempo investido junto com a família.

O que é a "noite da família"? É uma noite especial, separada das demais, em que as agendas individuais e familiar são protegidas a qualquer custo (pode haver exceções, mas devem ser exceções mesmo, e não a regra). Nessa noite (que pode também ser um dia, dependendo das circunstâncias familiares), a família faz um lanche ou uma refeição, participa de uma atividade especial (geralmente planejada com antecedência) e tem oportunidade para uma instrução espiritual breve e objetiva.

Para que todos estejam envolvidos na "noite da família" e, ao mesmo tempo, tenham oportunidade de fazer um programa que apreciam, procure fazer um rodízio de escolhas, em que pessoas diferentes têm o privilégio de escolher o que será feito na noite especial. Os filhos mais velhos devem receber a responsabilidade de planejar e preparar algumas noites da família.

Vale a pena instituir este hábito e assim resgatar, mesmo que artificialmente, um valioso aspecto de união familiar.

21 Cinema em casa

A família se reúne para assistir a gravações de viagens, aniversários, eventos especiais da família. Todos participam, contando algum fato interessante ocorrido e que não foi registrado pela câmera, ou algo interessante e marcante para sua vida.

22 Noite dos elogios

- *Material necessário:* Papéis dobrados com os nomes de todos da família.
- *Procedimento:* Fazer o sorteio dos nomes no dia anterior. Após o jantar, cada um fará elogios sobre a pessoa que sorteou.

23 Noite de jogos

- *Material necessário:* Jogos de mesa.
- *Procedimento:* Separe uma noite só para brincar como família. Escolha jogos de acordo com a idade das crianças ou, se houver muita diferença de idade entre seus filhos, permita que cada um escolha um jogo durante 20 ou 30 minutos.
- *Variação 1:* Em vez de brincar com jogos de mesa, brinque no quintal da casa, no parque ou na área de lazer do seu apartamento.
- *Variação 2:* Também se pode montar quebra-cabeças (com grau de dificuldade que não frustre seus filhos).

- *Variação 3:* Que tal fazer um campeonato com jogos no computador? Cuidado, papai, seu filho pode ganhar de você!

24 Cego por uma noite

Esta ideia ajuda as crianças a ter empatia com pessoas menos privilegiadas, especialmente as que não enxergam. Por uma parte do dia, que inclui uma refeição, coloque uma venda para cobrir os olhos do seu filho. Permita que ele experimente a escuridão total de uma pessoa cega e algumas das suas dificuldades, mesmo com tarefas que consideraríamos fáceis. Depois desta experiência, compartilhem o que vocês sentiram e aprenderam.

25 Passeio na natureza

Afastem-se do corre-corre e programem um passeio num parque, num bosque ou num jardim perto da sua casa. Aproveitem para conversar sobre a criação como expressão da grandeza e da bondade de Deus. Despertem sua capacidade de observação e procurem detectar aqueles detalhes da criação que geralmente passam despercebidos.

26 Leitura dinâmica

- *Material necessário:* Livros de histórias, bíblicas ou não.
- *Procedimento:* O pai ou a mãe escolhe livros ou passagens bíblicas de acordo com a idade de cada filho. Depois de uma semana de leitura, um dos filhos conta a sua história para a família reunida. É aconselhável o pai e a mãe começarem primeiro para que os filhos observem e sejam incentivados.

Sugerimos que você leia pelo menos uma vez com sua família:
- *As crônicas de Nárnia,* de C.S. Lewis (sete livros)

44 | 101 ideias criativas para família

- *O peregrino*, de John Bunyan
- *Cartas do inferno*, de C.S. Lewis

27 Noite de talentos

Planejem uma reunião familiar em que cada um possa louvar a Deus usando um talento especial. O programa pode incluir solos, duetos ou outros conjuntos vocais da família, música instrumental, leitura de poesias, dramatizações, teatro de fantoches, esquetes. Na ocasião, também pode ser montada uma exposição de obras de arte. Os trabalhos devem seguir um tema bíblico previamente escolhido ou podem ser resultado de trabalhos manuais feitos na escola dominical ou na escola bíblica de férias. Durante a exposição, cada *artista* pode explicar o significado do seu trabalho e contar a história bíblica à qual ele se relaciona. O evento pode terminar com a leitura de Mateus 25.14-30 — a parábola dos talentos — e um desafio para que cada pessoa invista tudo o que possui — não só bens, mas também dons e talentos — no reino de Deus. Talvez seja uma boa oportunidade para convidar parentes, vizinhos e outros amigos.

- *Variação 1:* "Noite do karaokê" — Prepare um pequeno palco na sala da casa. Durante o jantar, todos devem participar do evento, cantando uma ou mais músicas enquanto os demais jantam. No fim, toda a família pode cantar uma música.
- *Variação 2:* Fotografe ou instale sua câmera de vídeo no tripé para filmar o evento.

28 Noites temáticas

Para variar o programa da "noite da família", procure seguir um tema especial durante a noite toda, por exemplo, a "noite do ridículo", a "noite nordestina", a "noite antiga", a "noite do campo". A família pode providenciar música típica, comer comidas apropriadas ou fazer brincadeiras.

29 A linha-mestra

- *Material necessário:* Barbante, pequenas tiras de papel e cola.
- *Procedimento:* Escreva conselhos dos pais e possíveis "conselhos de maus amigos" nas tiras de papel. Amarre duas linhas na sala, de uma parede à outra. Em uma das linhas, cole as tiras que contêm os conselhos bons; na outra, as que contêm os conselhos maus. Cada membro da família, um por vez, deverá retirar uma das tiras, ler em voz alta e fazer um breve comentário. No fim, o pai deverá concluir, mostrando qual o fim de cada uma das linhas.

30 Selando compromissos

- *Material necessário:* Folha com o propósito da família escrito (veja adiante); argolas de papelão encapadas com papel dourado, abertas de maneira que possam ser acopladas umas às outras, formando uma corrente; cola.
- *Procedimento:* Cada membro da família lerá o propósito e anexará o seu anel à corrente, selando o seu compromisso com o propósito maior da família.

31 Campincasa

- *Material necessário:* Barraca e apetrechos para acampamento.
- *Procedimento:* Monte uma barraca ou uma tenda no quintal de sua casa e prepare tudo como se a família estivesse passando um fim de semana no acampamento. Leve jogos e prepare brincadeiras para que todos possam se divertir.

- *Variação:* Em vez de acampar no quintal, monte a barraca na sala. Será uma noite inesquecível.

32 Visita ao corpo de bombeiros

Marque com antecedência uma visita ao corpo de bombeiros de sua cidade e solicite algumas explicações sobre primeiros socorros, prevenção de acidentes e salvamentos. Além de conhecer esta importante corporação, você poderá aprender algumas técnicas de primeiros socorros. Leve alguns cartões de agradecimento e entregue aos soldados.

- *Variações:* Pode-se também visitar a delegacia de polícia, a câmara municipal, fábricas e hospitais, para expor seus filhos a várias profissões e necessidades da comunidade.

33 Destino desconhecido

- *Material necessário:* Jogos, lanches, material para esporte.
- *Procedimento:* Prepare um passeio a um parque, ao zoológico, a um sítio, a uma chácara de algum parente ou amigo, sem que ninguém mais saiba. Você deverá apenas avisar a família de que há um programa surpresa marcado para a data. No dia escolhido, coloque no carro os materiais necessários e tenham um agradável dia no local que todos somente conhecerão ao chegar.
- *Variação:* Quando a família não sabe o que fazer, mas não quer ficar em casa, junte todos e peça para cada um dar uma direção: "Reto", "Esquerda", "Direita". Anote em ordem todas as direções dadas (umas vinte seria bom). Então, entrem no carro e comecem a andar. Cada vez que chegarem numa encruzilhada, siga a direção anotada ("Reto", "Esquerda", "Direita"). Continuem até esgotar a lista, e veja onde vocês chegam!

4

Ideias de
preparação para o casamento

Ideias de preparação para o casamento | 49

Enquanto nos esforçamos muito para preparar nossos filhos para o vestibular, para a carreira e outras atividades importantes da vida, são poucos os pais que realmente se dedicam a preparar seus filhos para o casamento. Este treinamento começa cedo e continua até o dia em que nossa "princesa" ou "príncipe" repete seus votos matrimoniais.

Talvez um dos principais fatores no fracasso de tantos casamentos hoje em dia seja a falta de preparo que os próprios pais dão para seus filhos. Precisamos resgatar o envolvimento dos pais nos relacionamentos de seus filhos. Mas, para isso acontecer, precisamos começar cedo — não adianta criar regras e padrões com seu filho jovem se você não preparou o caminho antes, quando ele tinha 7 ou 8 anos!

Pais e mães que querem o melhor para seus filhos devem preocupar-se em ensinar a eles habilidades essenciais para o bom funcionamento do lar. Tanto homens quanto mulheres devem ter noções básicas de como cozinhar, costurar, lavar roupa, organizar seu dia, cuidar das contas bancárias, fazer consertos simples em casa e no carro e tomar decisões financeiras. Se os próprios pais têm dificuldade em uma ou mais destas áreas, nada impede que recrutem amigos ou conhecidos para transmitir conceitos básicos aos filhos. Todo pai digno quer que seu filho seja mais bem-sucedido que ele. Treinamento especial pode ser um passo em direção a este alvo.

Oferecemos estas ideias para pais que querem assumir seu papel bíblico como guardiões do coração dos seus filhos, chamados para protegê-los, mas também para prepará-los para a instituição mais sagrada e digna na face da terra: o casamento.

34 Pacto familiar de namoro

Antes de os filhos chegarem à idade de interesse sério no sexo oposto, os pais devem estabelecer um "pacto familiar de padrões de namoro", que estipula as expectativas, os padrões e os pré-requisitos para namorar. É importante que tanto pais quanto filhos concordem sobre os padrões a serem estabelecidos, pois eles servirão como base de cobrança e entendimento mútuo mais tarde. (Veja dois modelos nos apêndices deste livro.)

O pacto pode ser elaborado pelos pais e filho juntos, ou os pais podem adaptar um dos pactos (veja os modelos de pacto no apêndice no final do livro). Numa ocasião especial (por exemplo, uma saída dos pais com o filho), podem conversar sobre o pacto e depois *ratificá-lo*. Pode-se colocar o pacto numa moldura e pendurá-lo no quarto do filho. De vez em quando, seria bom revisar o pacto para mantê-lo vivo na memória de todos.

35 Listas de qualidades

Recomenda-se que cada jovem, *antes de se interessar por um membro do sexo oposto*, desenvolva uma lista de qualidades desejáveis no futuro cônjuge. Essa lista pode conter tantos itens quantos você desejar, mas deve ficar claro na sua mente quais são absolutamente necessários e quais são opcionais. Podem ser qualidades espirituais, pessoais e físicas. A lista ajuda a pessoa a *peneirar* os candidatos, evitando erros de juízo quando as emoções começam a surgir. A lista deve ser motivo de oração (Salmo 37.3-5), tanto do jovem quanto dos pais. Uma cautela: não faça somente uma lista das qualidades que você deseja *receber* (para seu futuro cônjuge), mas outra do que você deseja *ser*. Esta segunda lista deve incluir as qualidades de caráter que você mesmo quer desenvolver em sua vida para ser o melhor marido ou a melhor esposa possível.

36 Estágio dos noivos

Talvez pareça uma utopia, mas seria muito saudável resgatar uma ideia que era comum não muito tempo atrás, quando casamentos aconteciam entre duas pessoas que conheciam muito bem a família uma da outra. O "estágio dos noivos" segue o princípio de que o casamento une não apenas duas pessoas, mas duas famílias, e que, quanto melhor os noivos conhecerem a família um do outro, menos problemas terão no casamento.

O *estágio* pode ser de uma semana ou um ano, dependendo da situação das pessoas envolvidas. Quanto mais tempo, melhor. Cada noivo deve passar um período morando com a família do outro, com o objetivo de observar, aprender e entender. Se for possível o noivo trabalhar e ministrar com o pai da noiva, ótimo. Se a noiva puder ficar ao lado da futura sogra, aprendendo os pratos prediletos do noivo e outras informações úteis, melhor ainda! O casal deve tomar cuidado com seus próprios padrões de relacionamento nesse período, especialmente se estiver morando debaixo do mesmo teto (seria melhor passar esse tempo cada um na casa do outro, com pequenos intervalos em que ambos estejam juntos na casa de um).[9]

37 A chave do coração

- *Material necessário:* Coração de ouro, prata ou outro metal de valor pendurado numa corrente (colar); uma chave do mesmo material guardada na posse do pai (ou mãe) — o ideal é que a chave *abra* o coração.

- *Procedimento:* Esta ideia se baseia no fato de que o coração é a fonte de vida (Provérbios 4.23) e que os pais têm a responsabilidade de proteger a pureza e a inocência de seus filhos. Nestes dias, em que parece quase impossível vencer a luta contra a sensualidade, pais cristãos precisam tomar providências e ser pró-ativos, e não apenas reativos, quanto à sensualidade da nossa cultura.

O pai (ou, se necessário, a mãe) deve sair com sua filha para uma noite especial e sofisticada, de preferência num restaurante, só os dois. Depois da refeição, deve entregar um presente para a filha: um colar com um coração pendurado. O pai deve explicar que o coração representa o coração da filha, que deve ser protegido a qualquer custo, e que Deus chamou o pai para ajudar nesta tarefa. O alvo é que ela chegue no dia do casamento como um *jardim fechado* (Cantares 4.12). Por isso, o pai guardará consigo a chave, representando a pureza moral da filha.

A chave poderá ser entregue ao noivo como parte da cerimônia de casamento. Nessa altura, o pai lhe entrega sua filha e dá testemunho simbólico de que ela foi guardada pura para ele.

A "chave do coração" serve como símbolo sempre presente na vida da moça do seu compromisso com o pai e com Deus. Não é um amuleto que garante sua pureza, mas certamente será um passo na direção certa.

Ideias de preparação para o casamento | 53

- *Variação 1:* Em vez de um colar, pode-se substituir por um anel, que serve de lembrança contínua; cada vez que a moça olhar para o anel, lembrará de proteger sua pureza.
- *Variação 2:* Assim como a "chave do coração" serve para a filha, o "colar da mãe" é uma ideia que se aplica ao filho. Neste caso, em vez de o filho usar um colar com coração, seu pai deve prepará-lo para entregar esse colar para sua mãe numa saída especial, só os dois. Nesta apresentação, o filho estará entregando seu coração (suas emoções e pureza moral) para ser guardados pela mãe até o dia do seu casamento. Naquela ocasião, como parte da cerimônia de casamento, ela entregará o coração do seu filho para a noiva, testemunhando simbolicamente que o noivo foi guardado puro para ela até aquele dia.

38 O baú do tesouro

- *Material necessário:* Porta-joias no formato de um baú rústico e pequeno com fecho apropriado para colocar um cadeado; um cadeado pequeno com chave; um pingente de ouro no formato de um coração.
- *Procedimento:* Esta ideia talvez sirva mais para os filhos homens, correspondendo à ideia anterior ("a chave do coração").

Os pais (ou, se for necessário, somente o pai ou a mãe) devem sair com seu filho para uma atividade especial. Parte da conversa deve voltar-se para a importância da pureza moral e a proteção do coração do jovem (Provérbios 7). Ao terminar a conversa, os pais entregam o baú com o coração de ouro dentro. O coração representa o coração do filho, que será guardado pelos pais até o casamento. O baú será cadeado. Os pais guardarão a chave, e o filho guardará o baú num ponto de destaque

54 | 101 ideias criativas para família

em seu quarto para servir de lembrança de seu compromisso diante de Deus e dos pais.

Assim como na ideia anterior, esse "memorial" também poderá fazer parte da cerimônia de casamento. O coração poderá ser entregue à noiva pelo noivo, assim demonstrando o coração puro guardado para ela.

39 Aconselhamento pré-nupcial

Enquanto os pais devem ser os *técnicos* no preparo dos filhos para o casamento, ainda há muito lugar para outros conselheiros, especialmente no chamado "aconselhamento pré-nupcial". Essa série de encontros de orientação matrimonial geralmente é feita por um pastor e sua esposa, ou por um casal experimentado, designado pelo pastor. Estes conselheiros ajudam o casal a conversar sobre aspectos da vida matrimonial que talvez nunca teriam sido levantados. Muitos pastores recusam-se a realizar casamentos entre pessoas que não passaram pelo aconselhamento pré-nupcial. As estatísticas provam que esses encontros reduzem em muito o número de divórcios nos primeiros anos de casamento.

Uma sugestão: Seria muito bom se algum casal maduro e de confiança fosse designado pela liderança da igreja para acompanhar e orientar os recém-casados durante o primeiro ano de casamento.

Uma série de estudos próprios para o aconselhamento pré-nupcial encontra-se no livro *Estabelecendo alicerces* (Ed. Hagnos).

40 Encontros individuais

No preparo de um filho para o casamento, nada substitui tempos individuais com os pais para *abrir o jogo* sobre namoro, noivado, sexo e casamento. Não se pode (nem se deve) abrir forçosamente uma janela no coração do filho, mas é possível criar ambientes propícios para que ele mesmo abra a janela. Uma ótima oportunidade para fazer isso é através de encontros individuais e regulares com seus filhos.

Em nossa família, faço isso através de encontros particulares para café da manhã. Saio ocasionalmente com cada filho para tomar café e conversar. Aproveito para incentivar individualmente a criança, dizendo o quanto ela é valiosa e significativa para nossa família. Conversamos sobre assuntos de interesse daquele filho, e muitas vezes isto nos leva a conversas mais sérias sobre seu relacionamento com Deus, com os irmãos e com pessoas do sexo oposto.

O pai pode fazer um estudo sobre os princípios do namoro com seu pré-adolescente antes que o interesse dele seja despertado pelo sexo oposto. Os dois conversam sobre princípios, cautelas e o plano de Deus no casamento. É bom que o pai chegue antes do *mundo*, porque então a conversa é mais aberta, e o filho recebe o conselho melhor. Quando for namorar, já terá o conselho do pai fixado na mente.

■ *Variação:* Os pais convidam seus filhos e namorados ou noivos para um jantar num lugar agradável, onde todos possam se sentir à vontade. A conversa desenvolve-se livremente, sem pressões, como bons amigos.

41 Despedida dos filhos

Quando um dos filhos estiver saindo de casa pela primeira vez por motivo de estudo, trabalho ou outro, planeje uma série de refeições especiais, preparadas pelos diferentes membros da família, incluindo os pratos prediletos do homenageado. Na ocasião, deve haver oportunidade para incentivo e desafio, e também para entrega de lembranças.

5

Ideias para
aniversários

Aniversários são memoriais especiais para podermos refletir sobre tudo o que Deus tem feito em nossa vida. Ao mesmo tempo, dão oportunidade para demonstrarmos amor pelas pessoas e para as honrarmos biblicamente por tudo o que significam para nós.

Há muitas maneiras de celebrar aniversários, e certamente cada família terá suas próprias tradições. Oferecemos as ideias que seguem para ajudá-los a festejar juntos de forma mais criativa e fazer as pessoas especiais em sua vida se sentirem amadas e honradas.

42 Esqueceram de mim

Prepare uma festa de aniversário surpresa na casa de um parente ou amigo da família. Tome todas as precauções para que o aniversariante não desconfie. Uma hora antes da festa, todos saem de casa, dizendo que têm um compromisso importante, deixando o aniversariante só. Combine com algum parente para apanhá-lo e levá-lo à festa na hora marcada.

43 Rei/rainha por um dia

- *Material necessário:* Conforme a sua criatividade, um cetro, uma coroa, um trono etc.
- *Procedimento:* Avise ao aniversariante que ele (ela) será o rei (a rainha) por aquele dia, e que o restante da família o (a) servirá. Entregue-lhe um cetro, que será usado para dar ordens. Uma poltrona poderá ser enfeitada como se fosse um trono, e um belo banquete com os pratos prediletos poderá ser oferecido em honra ao soberano.

44 Aniversário chá chique

- *Material necessário:* Mesa arrumada com xícaras e pratos de porcelana; doces e salgados próprios para um chá.
- *Procedimento:* Convide as amigas da sua filha para uma festa de aniversário que será um "Chá Chique". Elas deverão vir vestidas com as roupas e os sapatos das mães. Poderão também arrumar o cabelo e usar a maquiagem das mães. Quando chegarem, avise que deverão agir como mulheres adultas num chá. Vocês poderão realizar algumas brincadeiras apropriadas e depois tomar o chá e abrir os presentes.
- *Variação:* Faça um convite mais específico. Peça que as meninas venham arrumadas cada uma de um jeito: uma imitando a mãe quando acorda; outra, a mãe fazendo compras; outra, a mãe na igreja; outra, a mãe fazendo faxina na casa.

45 Festa temática

Para um aniversário realmente diferente, procure seguir um tema específico de interesse para o aniversariante. Por exemplo, uma festa de Faroeste, uma festa "A Bela e a Fera", uma festa "Super-homem", uma festa "Esta é a sua vida".

Ideias para aniversários | 61

46 Hotel em casa

- *Material necessário:* Um cardápio com alguns pratos e sobremesas.

- *Procedimento:* Para o aniversário da mamãe ou do papai, os filhos podem transformar a casa num hotel, onde o aniversariante se sinta como um hóspede VIP. O tratamento começa com o café da manhã na cama, um café completo. Prepare um prato predileto para o almoço, tratando sempre o aniversariante com formalidade e servidão. Use sua criatividade para fazer do dia um *passeio* inesquecível.

47 Bodas de casamento

- *Material necessário:* Presentes ou lembranças representativas das *bodas* apropriadas para aquele aniversário.

- *Procedimento:* Você pode fazer ou comprar um presente simbólico das *bodas* celebradas naquele ano. Pode também planejar uma festa que siga o tema do aniversário.[9]

BODAS	
1 ano	algodão
2 anos	papel
3 anos	couro
4 anos	flores
5 anos	madeira
6 anos	açúcar
7 anos	lã
8 anos	barro

9 anos	cerâmica
10 anos	estanho
11 anos	aço
12 anos	seda ou renda
13 anos	linho
14 anos	marfim
15 anos	cristal
20 anos	porcelana
25 anos	prata
30 anos	pérola
35 anos	coral
40 anos	esmeralda
45 anos	rubi
50 anos	ouro
55 anos	ametista
60 anos	diamante ou brilhante
65 anos	platina
70 anos	prata dourada
75 anos	brilhante

48 Aniversário fora de época

Quando o aniversário de alguém cai numa época difícil de celebrar, mude o dia, mas sem avisar o aniversariante. Escolha um dia (pode até ser em outro mês) e enfeite a casa com faixas. Prepare comida especial e uma festa surpresa. Faça tudo como se fosse mesmo o aniversário.

Ideias para aniversários | 63

49 Bandeiras especiais

- **Material necessário:** Papel, lápis de cor e tecidos coloridos.
- **Procedimento:** Faça para cada membro da família uma bandeira desenhada e confeccionada com o seu nome bem visível. Cada membro da família é presenteado com sua respectiva bandeira no dia de seu aniversário; dali por diante, estas bandeiras devem ser expostas na frente da casa em momentos especiais, como aniversários, a volta de uma viagem distante, a ida para a faculdade.[10]

50 Aniversários espirituais

A celebração dos aniversários espirituais dos membros da família pode ser um forte testemunho para outros familiares. As pessoas que lembram a data da sua conversão devem registrá-la na agenda familiar. Aqueles que não sabem a data exata não devem se sentir *cidadãos da segunda classe*, pois podem escolher uma data pessoal que servirá a cada ano como dia do seu aniversário espiritual. Na comemoração, cantem parabéns, falem sobre as qualidades e os dons do aniversariante e concluam com um bolo e velas, representando o número de anos como filho de Deus.

51 Festa de maioridade

O povo judaico celebra a maioridade do filho que atinge 12 anos de idade e assim se torna um "filho do mandamento" (*barmitzvah*), sendo considerado um membro responsável da comunidade da fé. Este costume tem fundamento em Provérbios 22.6 — *Instrui a criança no caminho em que deve andar, e mesmo quando envelhecer não se desviará dele* —, onde o termo "instrui" pode ser traduzido como "dedica" ou "entrega" (no Antigo Testamento,

64 | 101 ideias criativas para família

era usado nas dedicações do tabernáculo, do templo, das casas, dos muros etc., para o uso do Senhor).

Uma aplicação deste versículo é a "entrega" do filho numa cerimônia de dedicação, em que ele é reconhecido como alguém treinado e pronto para assumir maior responsabilidade na família e na comunidade da fé. A idade em que esta festa/culto se realiza pode ser determinada pelos pais, dependendo da maturidade do filho.

Sugere-se que a festa inclua um tempo de louvor, uma oração de dedicação, testemunhos dos pais e de outras pessoas e uma declaração dos novos direitos e das novas responsabilidades sendo transmitidos para o filho.

52 Celebrando amizades

Para honrar o aniversariante e lembrá-lo de quanto ele é amado, entre em contato com o maior número possível de amigos dele, pedindo que cada um escreva um bilhete, ligue ou venha visitá-lo durante certas horas designadas do dia. Procure preencher o dia com recados de hora em hora ou até com mais frequência.

6

Ideias para
lembranças e memoriais

Memoriais são lembranças visíveis e objetivas que recordam a fidelidade de Deus em nossa vida. A Palavra de Deus registra muitas destas marcas na vida espiritual do povo de Deus: o arco-íris, os altares, as pedras do rio Jordão, a arca da aliança, as festas judaicas, o batismo, a ceia do Senhor. Precisamos de memoriais porque, como seres humanos, tendemos a esquecer o que Deus tem feito por nós. Memoriais nos fazem lembrar e transmitir esta memória de um Deus vivo para a próxima geração. Também inibem a reclamação e a murmuração, pois a bondade de Deus está sempre perante os nossos olhos.

Provavelmente ninguém hoje construiria um altar no seu quintal. Mas podemos estabelecer em nossos lares lembranças concretas e criativas que servirão ao mesmo propósito. Você não adotará todas as ideias apresentadas aqui, mas esperamos que uma ou outra estimule sua família a criar memórias da fidelidade de Deus em suas vidas.

53 Árvore genealógica

Pesquisem os dados das famílias materna e paterna: nomes dos parentes, datas de nascimento, casamento, filhos, falecimento e também histórias pessoais, trabalho, qualidades. Esforcem-se para coletar dados no mínimo a partir dos bisavós. Reúnam-se para traçar a genealogia da família e deixá-la registrada. Incluam fotos se possível. Aproveitem para destacar qualidades de caráter e agradecer a Deus por esta herança.

54 Cápsula de tempo

- *Material necessário:* Vidro bem lavado; lembranças de eventos marcantes do ano (fotos, moedas, selos comemorativos); registro dos momentos alegres e tristes; lista de respostas de oração.

- *Procedimento:* Colecione vários *memoriais* durante o ano todo. No fim do ano, junte-os aos alvos para o ano seguinte e aos pedidos de oração e coloque tudo numa *cápsula de tempo*. Cole no vidro uma etiqueta com a data e enterre no quintal, ou guarde num lugar especial da casa. No fim do ano seguinte, ou mesmo depois de cinco anos ou mais, desenterre a cápsula para relembrar com a família a fidelidade de Deus e os eventos especiais ali registrados.

- *Variação:* Faça uma *cápsula de tempo* num aniversário especial (por exemplo, o 13º ou o 15º) e marque uma data para desenterrá-la (por exemplo, no fim da adolescência).

55 Brasão familiar

- *Material necessário:* Madeira, papelão ou outro material em forma de um escudo; objetos que caracterizam a família.

Ideias para lembranças e memoriais | 69

■ *Procedimento:* Todos devem se reunir para conversar sobre as marcas que caracterizam a família. Depois, decidir quais objetos poderiam simbolizar cada marca. Pode-se fazê-los ou comprá-los e depois montar no *escudo* e colocar num lugar bem visível. O brasão da nossa família inclui os seguintes objetos:

- **Nome da família** (Merkh)
- **Salmo 127:** a referência que está gravada em nossas alianças de casamento: *Se o Senhor não edificar a casa, em vão trabalham os que a edificam*
- **Figurinhas:** oito pessoas, representando cada membro da família
- **Data de fundação** (1982)
- **Notas musicais:** representando nosso amor pela música
- **Livros:** ilustrando nosso costume de ler livros juntos
- **Globo:** para focalizar nossa atenção na Grande Comissão (Mateus 28.18-20)
- **Igreja:** para nos lembrar do nosso compromisso com o corpo de Cristo

56 Prateleira de memoriais

■ *Material necessário:* Cristaleira pequena (um pequeno *armário* com portas de vidro) ou uma prateleira ornamental protegida; objetos que representam eventos marcantes na vida familiar.

■ *Procedimento:* O propósito é preservar na memória da família os atos e eventos especiais que tendem a cair no esquecimento. Seguindo o modelo bíblico de memoriais, como os altares dos patriarcas, as pedras tiradas do mar Vermelho e do rio Jordão, a arca da aliança, a ceia do Senhor e o batismo, esta pequena prateleira guardará objetos que servirão

70 | 101 ideias criativas para família

de lembranças constantes e visíveis de eventos marcantes na história da família.

Para montar sua prateleira, é necessário reunir a família e fazer uma *tempestade cerebral*, na qual vocês geram uma lista dos eventos mais importantes na vida familiar (veja os exemplos a seguir). Depois, procure colocar os eventos em ordem de prioridade (todos poderão votar) para decidir quais devem ser comemorados. Seria bom começar com um número limitado de eventos, de 5 a 7, para poder acrescentar outros depois. A próxima tarefa é pensar em objetos que poderiam representar esses eventos. Finalmente, a família deve procurar tais objetos ou confeccioná-los para colocar dentro da sua caixa de sombras. Esta prateleira deve ficar num lugar de destaque, para servir como lembrança constante da graça e da misericórdia do Senhor. Deve ser usada ocasionalmente como parte do culto doméstico, contando as histórias da fidelidade de Deus para a próxima geração. Assim, a família também ficará atenta para novas evidências da boa mão do Senhor sobre ela.

- *Alguns exemplos:* Em nossa sala de estar, temos nossa prateleira num ponto de destaque, fato que gera perguntas e oportunidades para testemunharmos sobre a fidelidade de Deus com nossa família. Dentro, colocamos vários objetos representando estes eventos:
  - **Cobra de plástico:** Deus protegeu nossa filha caçula, Keila, recém-nascida, de uma cobra coral que estava debaixo da colcha de seu berço.
  - **Mala marrom:** A polícia de São Paulo recuperou todos os nossos documentos depois de serem roubados num assalto.
  - **Pequeno carro (brinquedo):** Daniel quase foi atropelado num passeio com a família.

Ideias para lembranças e memoriais | 71

- **Conta paga:** Lembra-nos da provisão de última hora de urna mensalidade na faculdade.
- **Miniatura de uma casa:** Comemora a maneira quase milagrosa pela qual Deus nos deu uma moradia própria.

- *Variação 1:* Em vez de usar uma pequena cristaleira, escolham qualquer prateleira visível em casa.
- *Variação 2:* Uma réplica da caixa poderá ser entregue a cada filho na ocasião do seu casamento, como lembrança perpétua da família de origem e estímulo para acrescentar novas lembranças no decorrer dos anos.
- *Variação 3:* A caixa de sombras pode servir como memorial também para igrejas na ocasião de um aniversário especial (no 15º aniversário da nossa igreja, fizemos um culto em que recordamos a fidelidade de Deus através dos anos com testemunhos simbolizados por miniaturas colocadas numa cristaleira na entrada do templo).

57 Colcha de memórias

- *Material necessário:* Um quadrado de tecido bordado ou pintado, representando algo de cada ano de vida do seu filho ou filha.
- *Procedimento:* Monte os quadrados, formando uma colcha. Coloque manta acrílica e um forro por trás. Entregue para seu filho antes de se casar ou sair de casa. Servirá como lembrança especial da sua infância.
- *Variação:* Em vez de bordar quadrados, faça uma colcha de quadrados cortados das roupinhas velhas que a criança usava e mais gostava. Estas devem ser guardadas de ano em ano até que se tenha o suficiente para fazer a colcha.

58 Enfeites anuais

Anualmente, faça um enfeite para a época de Natal para cada membro da família. Coloque o nome da pessoa, o ano e, se possível, a referência de um versículo bíblico. Quando o filho crescer e sair de casa, levará com ele todos os seus enfeites — um para cada ano de sua vida.

59 Álbum de memórias

Reúna algumas fotos do casal desde o início do namoro e coloque-as num álbum, em ordem cronológica. Providencie a gravação na capa: "Nossos melhores momentos". Presenteie seu cônjuge em alguma data especial para o casal.

- *Variação:* Monte o álbum (de toda a família) para seu filho quando ele for para a faculdade, passar uma temporada fora do país ou antes de seu casamento.

60 Gravações e filmagens

- *Material necessário:* Filmadora; gravador.
- *Procedimento:* Este memorial pode ser preparado anualmente numa mesma época do ano, como, por exemplo, a semana entre o Natal e o Ano Novo. Cada membro da família deve ser filmado/gravado. Inclua testemunhos sobre as dificuldades e vitórias do ano, as bênçãos recebidas, músicas, versículos bíblicos. Sugerimos que também sejam gravados outros momentos especiais do ano, particularmente o testemunho das crianças logo após a sua conversão. As gravações e filmagens são especialmente preciosas para observar o crescimento de cada filho.

Ideias para lembranças e memoriais | 73

■ *Variação:* Recordações dos avós — convidem os avós para uma noite especial de histórias e entrevistas. As perguntas devem ser preparadas com antecedência. O programa deve ser gravado e guardado num *arquivo* familiar. Perguntas que as crianças podem fazer:

- Falem sobre seus pais, irmãos e irmãs
- Como eram os meios de transporte quando vocês eram crianças?
- Como foi que vocês se conheceram?
- Que igreja vocês frequentavam na adolescência? Como eram os cultos?
- Como vocês se converteram?
- Qual foi o momento mais alegre da sua vida? E o mais triste?
- Qual foi o maior susto que já levaram?
- Como eram os nossos pais quando crianças?

61 O legado familiar

Há quase 2.500 anos, o filósofo grego Heráclito disse: "O caráter de um homem é o seu destino". Tinha razão, mas poderíamos acrescentar: "E o caráter de um homem pode ser o destino da sua família". Provérbios nos lembra: *No temor do Senhor há firme confiança, e seus filhos terão lugar de refúgio* (Pv 14.26).

Conforme Êxodo 20.5,6, um pai com coração voltado para Deus verá a misericórdia do Senhor derramada em sua família durante mil gerações, ou seja, entre 25 e 40 mil anos!

A ideia do "legado familiar" baseia-se na história dos recabitas, em Jeremias 35. Os recabitas eram descendentes de Recabe, que viveu durante o reino perverso de Israel. Numa época em que havia reavivamento (mesmo que incompleto) em Israel, Recabe estabeleceu um "legado" ou "pacto familiar" com

74 | 101 ideias criativas para família

todos os seus descendentes. Ele deu ordens para que eles se mantivessem puros e separados da contaminação do mundo em todas as suas gerações. Quando chegamos em Jeremias 35, os descendentes de Recabe haviam guardado esse legado ao pé da letra durante 250 anos, testemunho de fidelidade usado pelo profeta em contraste com a infidelidade do povo.

Um "legado familiar" pode ser tão simples ou detalhado quanto os pais quiserem. O que importa é que os valores, as convicções e os padrões familiares sejam devidamente anotados, preservados e transmitidos aos filhos e netos com seriedade.

Exemplos de itens que podem ser incluídos:

- Declaração de fidelidade às Escrituras
- Declaração de compromisso para com a igreja local
- Declaração de comprometimento para com a aliança conjugal
- Declaração de amor mútuo e incondicional
- Declaração de fidelidade moral

7

Ideias para
viagens

Um pulo no mercadinho da esquina, um passeio no parque, férias familiares em outro Estado são oportunidades para membros da família *viajarem* juntos. Essas *viagens* também podem ser aproveitadas com um pouco de disciplina e imaginação para promover crescimento na graça e maior comunhão na família.

Deuteronômio 6.6-9 manda os pais falarem sobre Deus e sua Palavra enquanto estão *andando pelo caminho*. O pai atento reconhece todas as oportunidades de investir na vida dos seus filhos. Em vez de simplesmente ligar o rádio ou falar do tempo, que tal resgatar esses momentos para promover maior intimidade e comunhão familiar? Aproveite algumas das ideias que seguem ou crie as suas (veja também os livros *101 ideias criativas para o culto doméstico* e *101 ideias criativas para grupos pequenos*).

62 Vinte perguntas

Um dos participantes escolhe um personagem bíblico. Os demais devem adivinhar de quem se trata, fazendo, no máximo, vinte perguntas que devem ser respondidas somente com "sim" ou "não". O primeiro a descobrir a identidade correta ganha o direito de escolher o próximo personagem.

63 Eu vejo

A primeira pessoa começa declarando: "Eu vejo algo que você não vê, e a cor é _____". Os outros precisam adivinhar o que a pessoa está vendo. Quem acertar continua com uma nova afirmação "Eu vejo".

64 Vou viajar e estou levando

Comece a brincadeira dizendo: "Vou viajar e estou levando _____". Fale algo que começa com a primeira letra do seu nome. A próxima pessoa repete a mesma frase, mas deve usar uma palavra começada com a primeira letra do nome dela. Se ela acertar, você diz: "Sim, pode levar". Se errar, diga: "Não, não pode levar". Continue a brincadeira até que todos descubram a charada.

65 Rodízio de cânticos

Uma viagem longa passa bem mais rápido com o rodízio de cânticos. Uma pessoa dá início, sugerindo um cântico que todos conhecem. A seguir, outra sugere um novo corinho que comece com uma das palavras com as quais o primeiro corinho terminou. Continuem assim até esgotar as possibilidades. Quando a sequência for impossível, comecem tudo de novo.

66 Limpeza do ambiente

Fomos permanentemente marcados pelos nossos pais com um dos mandamentos do escotismo: "Sempre deixar o lugar onde vocês estiveram mais limpo do que quando vocês chegaram". Os pais podem ensinar este princípio aos filhos, insistindo nele em todos os lugares que visitam. Podem até imitar um projeto feito por alguns empresários japoneses, de sair para um lugar com a intenção de limpá-lo e transformá-lo em algo agradável.

67 Soletrando

O objetivo do jogo é conseguir formar palavras longas. O jogo começa com uma pessoa sugerindo uma letra que inicia uma palavra que tem em mente. A próxima pessoa acrescenta outra letra, pensando numa palavra que começa com essas duas letras colocadas (pode ou não ser a mesma palavra que o primeiro estava pensando). A terceira pessoa continua, e também acrescenta uma letra, com uma palavra em mente.

Se alguém quiser, pode sugerir uma letra qualquer, sem ter nenhuma palavra em mente. Neste caso, se os outros participantes desconfiarem, poderão desafiá-lo a falar a palavra que tem em mente. Não conseguindo dizer a palavra, o participante cai fora desta rodada. Se conseguir identificar uma palavra, a pessoa que o desafiou cai fora. O jogo termina quando alguém fecha uma palavra que não pode receber nenhum acréscimo. Esta pessoa cai fora do jogo. A brincadeira continua até que se consiga um campeão.

Exemplo:

1. "r" (pensando em "restaurante");
2. "i" (pensando em "risada");
3. "d" (pensando em "ridículo");
4. "i";
5. "c";
6. "u";
7. "l";

80 | 101 ideias criativas para família

8. Pode perder o jogo se falar "o" ("ridículo"), mas se falar "a" (pensando em "ridicularizar"), o jogo continua.

68 Surpresas embrulhadas

Antes de uma viagem longa ou difícil para as crianças, prepare pequenas sacolas com presentes simples embrulhados. Determine um horário em que cada criança poderá abrir um dos presentes (por exemplo, a cada meia hora ou a cada hora). Escolha presentes simples, mas que sirvam de divertimento para as crianças durante um bom tempo.

- *Alguns exemplos:* Massinha; revistinha para pintar; gibi; livrinho de tarefas; quebra-cabeças.
- *Variação (quando os pais estiverem viajando):* Elabore um quadro quadriculado com o número de dias que vocês ficarão ausentes. Instrua os filhos a marcar com "x" cada dia decorrido, de maneira que, à medida que o quadro for sendo completado, eles percebam que está mais próximo o dia da volta de vocês. Deixe colado, em cada quadrado, um bilhete com elogios, uma lista de tarefas e instruções quanto ao comportamento esperado de cada um durante a ausência de vocês.

69 Tarefas designadas (viagens longas)

Antes de uma viagem longa — pode ser a de férias —, designe uma tarefa especial para cada membro da família. Por exemplo, quando eu era criança, minha família fez uma viagem de várias semanas, *explorando* uma região do país desconhecida por nós. Cada um tinha uma área específica de responsabilidade: um cuidava da nossa condição física, escalando exercícios nas paradas para refeições e combustível; outro se responsabilizava pela verificação da limpeza de cada lugar onde parávamos; alguém sempre tinha de lembrar de tirar fotos das atrações que visitávamos; eu precisava colher lembranças de cada lugar e montá-las junto com as fotos num álbum de memórias.

8

Ideias para
refeições

8

Ideias para
reforços

Com a industrialização da sociedade e a chegada da "era da informática", a família brasileira sofreu um golpe quase fatal contra uma instituição que antigamente era sagrada: a refeição familiar. São poucas as famílias que ainda desfrutam das alegrias de se reunir para uma ou duas refeições por dia. Algumas famílias lutam para conseguir isto *uma vez por semana*.

Nos tempos bíblicos, partilhar uma refeição era sinal de comunhão entre os participantes. Havia até ofertas e sacrifícios simbólicos de comunhão, em que o adorador comia a oferta *junto* com Deus. Em Deuteronômio 6.6-9, pais são orientados a falar das palavras do Senhor *enquanto assentados em suas casas*, provavelmente uma referência à refeição familiar. Esta é uma das melhores oportunidades para inculcar a Palavra de Deus no coração e na mente da próxima geração.

Precisamos resgatar esse tempo precioso para a união, a comunicação e a instrução familiar. Com alguns sacrifícios, toda família deve ter condições de agendar pelo menos alguns encontros familiares ao redor da mesa. Com um pouco de imaginação e disciplina, pode-se transformar mesmo as poucas refeições em

86 | 101 ideias criativas para família

ocasiões de grande alegria e fruto eterno. Experimente algumas das ideias que seguem e crie suas próprias para o bem da sua família.

70 Piquenique no quintal

A família deve marcar um encontro especial ou simplesmente decidir "no improviso" levar o lanche para fora da casa, talvez num parque, no bosque ou outro lugar predileto. Se possível, leve uma toalha de mesa, uma cesta com toda a refeição, refrigerantes ou sucos. Se tiverem tempo, podem brincar juntos no parque, fazer um passeio na natureza ou outro programa divertido.

- *Variação:* Piquenique na sala de estar — se for difícil sair de casa ou do apartamento, que tal fazer seu piquenique na própria sala de estar? Estenda a toalha no chão e sentem todos ao redor.

71 Cozinheiro novo

- *Material necessário:* Todos os ingredientes para o prato preferido da sua esposa e dos seus filhos.
- *Procedimento:* O pai deve preparar toda a refeição, desde a salada e o suco até os pratos principais. Após a refeição, lave a louça, deixando a cozinha tão limpa quanto antes.

72 Minha filha de valor

Numa noite em que os homens da casa estão fora, faça um jantar especial para sua filha. Faça a comida predileta dela e arrume a mesa com louça de porcelana, luz de vela e flores. Será um tempo muito especial para mãe e filha(s).

- *Variação:* Os homens da casa também podem ter sua própria noite na cozinha para fazer o que lhes agrada (seria bom se as mulheres ficassem bem distantes!).

73 Jantar chique do supermercado

Quando o orçamento familiar não permite sair com frequência para um restaurante, pense nesta ideia: estabeleça um valor limite para ser gasto pela família no supermercado. Cada um pode opinar sobre as compras, ou os pais podem deixar os próprios filhos fazerem tudo. As únicas regras são não ultrapassar o valor estipulado nem suplementar a refeição com alimentos previamente comprados. Voltem para casa para fazer seu *jantar chique* do supermercado.

Esta ideia traz muitos benefícios: ensina as crianças a trabalhar juntas, preparar um orçamento, reconhecer os limites do orçamento familiar e o valor das coisas. Além disso, é muito divertida, e todos devem comer bem, gastando bem menos que no restaurante!

- *Variação:* Vaquinha para o jantar — prepare antecipadamente o cardápio, com a participação de todos os membros da família. Verifique quais os ingredientes que precisam ser comprados. Cada membro será responsável pelo preparo de um prato e pela compra dos ingredientes que estiverem faltando. Todos compartilham dos pratos preparados pelos outros.

74 Jantar do vovô

Para honrar os avós, a família deve convidá-los para um almoço ou um jantar todo especial. Os convites podem ser desenhados pelas crianças e entregues pessoalmente ou pelo correio. A *limusine* familiar deve buscá-los, com papai servindo como *chofer*

88 | 101 ideias criativas para família

(vestido apropriadamente) e os avós sentados no banco de trás. Ao chegar em casa, devem ser cumprimentados *oficialmente* por toda a família. As crianças podem servir a refeição (com a supervisão da mamãe, é claro!), usando todas as boas maneiras já adquiridas. Podem também fazer apresentações especiais de arte, poesia, música e presentes. Será uma noite que ensina a todos a importância de honrar os mais idosos e respeitá-los através de boas maneiras.

75 Oração familiar

Evitem a monotonia na oração antes das refeições, aproveitando algumas destas ideias:
- *Postura:* Orem em pé, ajoelhados, de mãos dadas, de mãos levantadas.
- *Método:* A oração de gratidão pode ser em voz alta, silenciosa, em frases curtas ou completando expressões, como: "Obrigado, Senhor, por_____"; "Eu te amo, Senhor Jesus, porque _____". A oração também pode ser cantada (cânticos de gratidão) e/ou feita no começo, no meio ou no fim da refeição.

76 Café colonial

Esta ideia é simples, mas traz uma variação interessante às refeições familiares. Em vez de um almoço ou um jantar normal, sirva comidas típicas de um café da manhã "colonial": bolos, tortas, pães, ovos cozidos, cereais e sucos.

77 Jantar progressivo

Esta é mais uma variação para dinamizar sua vida em família e fazer cada um valorizar ainda mais as refeições familiares. Em

Ideias para refeições | 89

vez de comer a refeição ao redor da mesa, cada parte será tomada num cômodo diferente da casa (por exemplo, num dos quartos, na varanda ou na sala de visitas). Vocês não devem comer com pressa e, se possível, devem fazer uma pequena programação para acompanhar cada etapa da refeição (brincar, cantar, compartilhar, orar). A refeição será mais demorada, mas as memórias durarão ainda mais!

78 Festa de louças

Uma das nossas memórias mais especiais da infância é dos momentos logo após a refeição, quando a família toda trabalhava reunida na cozinha para tirar a mesa, varrer o chão e lavar a louça. Era uma verdadeira festa de louças! Trabalhávamos juntos, mas também escutávamos músicas, cantávamos e, às vezes, brincávamos. Que tal tornar esse momento *chato* na vida de muitas famílias uma memória agradável para todos?

79 O prato "Você é especial"

- *Material necessário:* Um prato especial, desenhado, confeccionado pela família ou comprado (pinte no centro de um prato de porcelana ou nas laterais a frase: "Você é muito especial para nós").
- *Procedimento:* Algumas famílias descobriram nesta ideia uma joia de incentivo mútuo e expressão de amor genuíno (*O amor [...] não é invejoso [...], mas congratula-se com a verdade* — 1Coríntios 13.4,6). Quando um membro da família experimenta uma vitória especial (boa nota na prova de matemática, medalha na natação, elogio inesperado), aniversaria ou se destaca em qualquer outra atividade, tem o direito de fazer suas refeições no prato especial, enquanto os demais

comem em pratos comuns. Todos devem alegrar-se por ter alguém muito especial na família. A oração antes da refeição deve destacar o valor desta pessoa para a família, não somente pelo que faz, mas pelo que é. O prato especial pode ser acompanhado de alguns privilégios (escolher a sobremesa, receber uma porção dobrada ou escolher um vídeo para assistir).[11]

80 Assentos designados

Assentos designados ajudam algumas famílias a evitar discussões sobre quem vai sentar ao lado da mamãe (por que sempre com a mamãe?). No início da semana, coloque os nomes de todos num copo e os retire para designar o lugar de cada um durante aquela semana (pode estipular qualquer prazo para os assentos designados: um dia, uma semana, um mês, como também pode descontinuar a prática quando achar desnecessária).

9

Ideias para o
ministério familiar

Não há nada melhor do que o ministério familiar para unir a família, equipar seus membros para outras tarefas, descobrir os dons espirituais de cada um e alcançar o mundo. Esta frente unida, em que cada um desempenha um papel importante, serve de forte testemunho num mundo em que a união familiar está quase extinta. *A melhor maneira de evitar que a família seja um campo missionário é torná-la um centro de missões!*

O ministério familiar começou com a criação de Adão e Eva. Adão não foi capaz de realizar o ministério de cuidar e cultivar o jardim sem sua esposa. Ambos receberam o mandato de dominar a terra, enchendo-a com pequenas *imagens* de Deus. Este precedente continuou com Noé e Abraão, cuja família seria uma bênção para *todas as famílias da terra* (Gênesis 12.1-3).

No Novo Testamento, percebemos a importância do testemunho familiar nas qualificações dos líderes da igreja que têm filhos crentes, obedientes, que respeitam seus pais (1Timóteo 3.4; Tito 1.6). Lemos também a respeito do exemplo de Áquila e Priscila (Atos 18.18,26; 1Coríntios 16.19), das filhas de Filipe

94 | 101 ideias criativas para família

(Atos 21.8,9) e da existência de muitas igrejas no contexto dos lares (Colossenses 4.15; Romanos 16.5; 1Coríntios 16.19).

Para estimular a criatividade no uso do lar como centro de missões e evangelização do mundo, sugerimos as ideias a seguir.

81 Declaração de propósitos da família

Assim como as empresas e instituições, a família também pode declarar sua "razão de existir" ou "missão". Essa declaração deve incluir o propósito da família, resumido em uma frase, e objetivos específicos a serem alcançados. A declaração pode incluir também alvos concretos para um, cinco e dez anos (veja a seguir). Esta atividade exige um tempo significativo de conversa para que se possa chegar a um consenso. Um exemplo:

Declaração de propósito da família Silva

Temos como propósito glorificar a Deus através da conversão de cada membro da nossa família e do uso dos nossos dons espirituais para o fortalecimento de famílias a serviço de Jesus no contexto da nossa igreja.

Objetivos da família

1. Conversão de cada membro da família.
2. Descoberta dos dons espirituais de cada um.
3. Envolvimento pessoal de cada membro da família em algum ministério da igreja.
4. Treinamento/aperfeiçoamento de cada um nas seguintes áreas:
   - Conhecimento bíblico (panorama bíblico, doutrinas básicas etc.);

- Conduta cristã (vida de acordo com os princípios da Palavra);
- Experiência em vários ministérios no corpo de Cristo.

5. Hábitos de vida formados por convicção, e não por legalismo:
   - Hora silenciosa;
   - Contribuição para a obra do Senhor;
   - Diligência e integridade no trabalho; e
   - Comunicação direta.

6. Uso da casa como abrigo para os membros da família e centro de evangelização e edificação para os amigos e vizinhos:
   - Hospitalidade (receber visitas em média uma vez por mês);
   - Hospedagem para obreiros itinerantes; e
   - *Playground* para as crianças da vizinhança.

82 Alvos da família

Assim como a família fez na declaração de propósitos (que deve ser pré-requisito para a formulação de alvos específicos), pode reunir-se para estabelecer alvos concretos e mensuráveis de curto e longo prazo. Como alguém disse, "quem não tem nada na mira atinge exatamente isto: nada". Um exemplo:

Alvos da família Silva

Alvos de 1 ano:
1. Realizar o culto doméstico quatro dias por semana.
2. *Adotar* um missionário, contribuindo para seu sustento e mantendo contato por correspondência a cada três meses.

96 | 101 ideias criativas para família

3. Ler a série *As crônicas de Nárnia*, de C.S. Lewis.
4. Contribuir com 12% de nossa receita financeira para a obra do Senhor.

Alvos de 5 anos:
1. Ler juntos a Bíblia inteira.
2. Visitar e ministrar juntos num campo missionário durante as férias.
3. Contribuir com 17% de nossa receita financeira para a obra do Senhor.
4. *Adotar* três missionários.
5. Estudar juntos o livro de Provérbios.
6. Realizar um concílio familiar pelo menos quatro vezes por ano.
7. Ler juntos três livros evangélicos por ano.

Alvos de 10 anos:
1. Estabelecer um *pacto familiar* que inclui padrões de namoro, noivado, casamento e expectativas de testemunho cristão por parte dos membros da família.
2. Contribuir com 20% de nossa receita financeira para a obra do Senhor.
3. Realizar um concílio familiar mensal.

83 O sonho da família

Outra ideia que ajuda a criar um senso de identidade familiar é a formulação de um "sonho da família". Todos devem colaborar para que este sonho seja verbalizado, colocado no papel e, aos poucos, realizado. Comece com uma *tempestade cerebral* em que são anotadas ideias, alvos e objetivos que vocês têm para o futuro. Permita que todos falem e não faça críticas — é para sonhar mesmo com o que vocês gostariam que a família fosse ou realizasse. Passado um tempo para reflexão, reúnam-se novamente para concretizar suas ideias na declaração de um sonho familiar. Este sonho deve ser ousado e único — uma marca que diferencie sua família de todas as outras. Depois de formular seu sonho, pense nos passos concretos que precisam ser tomados para torná-lo uma realidade.

Por exemplo, descobrimos cedo que o *jeitão* da nossa família está voltado para a área de música. Por isso, estabelecemos o sonho de montar um pequeno conjunto instrumental para ministrar na nossa igreja com músicas de louvor. Para isso acontecer, as crianças precisavam começar a estudar violão, violino, pistão e piano. Depois de um tempo, começamos a ensaiar músicas simples e, finalmente, apresentamos algumas músicas especiais na igreja.

Conhecemos uma família que tem o sonho familiar de um "Instituto Bíblico Ambulante". Querem reformar um ônibus para poderem viajar para o interior, conduzindo institutos bíblicos instantâneos, distribuindo literatura evangélica etc.

84 Presente para Jesus

- *Material necessário:* Uma caixa embrulhada e enfeitada como presente, com uma abertura para depositar ofertas.
- *Procedimento:* Durante o mês de dezembro, coloquem a caixa debaixo da árvore de Natal ou em outro lugar de destaque na casa, e a chamem de "Presente para Jesus". Cada membro da família deve comprometer-se a depositar ali o valor correspondente a uma percentagem dos seus gastos com presentes de Natal. No Natal, antes de abrir os demais presentes, abram o presente para Jesus e decidam a quem darão a quantia arrecadada. Como parte da celebração de Natal,

98 | 101 ideias criativas para família

podem preparar um bolo de aniversário para Jesus e cantar parabéns a ele.

85 Arrecadação social: Cesta básica surpresa

- *Material necessário:* Sacolas e placas como as usadas pelo Exército de Salvação.
- *Procedimento:* Orientar as crianças a pedir alimentos não perecíveis pela vizinhança, para doação a famílias carentes de favelas, orfanatos, asilos etc.
- *Variação 1:* Os produtos poderão ser de sua própria despensa e também angariados junto a familiares, vizinhos e amigos. Providencie uma caixa de papelão e coloque nela os produtos com um bilhete carinhoso, porém sem se identificar. Escolham uma família carente da igreja ou de seu bairro e deixem a cesta na porta, pela manhã. Ao acordar, eles terão uma surpresa agradável.
- *Variação 2:* Bota-fora — Semestralmente, todos da família deverão examinar seus guarda-roupas, suas caixas de brinquedos etc., separando as roupas e os objetos que não estão mais sendo usados, porém em bom estado. Juntos, marcarão uma data para entregá-los em uma favela, um orfanato ou um asilo.

86 Viagens missionárias

- *Material necessário:* Livros ou revistas contendo informações sobre missões e missionários da sua denominação.
- *Procedimento:* Escolha um lugar de fácil acesso ao qual você possa ir com toda a família. Ore e planeje a viagem durante pelo menos seis meses, reunindo-se ao menos uma vez por mês para avaliar os preparativos. Todos devem inteirar-se das

necessidades da missão e dos missionários e levantar a ajuda que for necessária. A viagem pode ser de uma semana ou de um mês, dependendo da disponibilidade da família e da missão. Compartilhe o projeto com os irmãos da igreja.

- *Observação:* Tome muito cuidado para não ser um peso para a missão e os missionários, entrando em contato com eles com muita antecedência e preparando-se para serem verdadeiros servos no campo.

- *Variação:* De tempos em tempos, convidem um missionário em licença, um pastor ou outro obreiro cristão para compartilhar seu testemunho e seu ministério com a família. Todos receberão ensinos preciosos.

87 Projeto adoção

Adotem um missionário, um seminarista ou outro obreiro conhecido da família. Escrevam cartas ou telefonem periodicamente. Convidem-no para tomar uma refeição ou para se hospedar com vocês durante o período de divulgação. A família também pode participar do sustento financeiro, e até as crianças podem ajudar, fazendo pequenas tarefas de casa, preparando e vendendo doces na vizinhança.

88 Projetos ministeriais

Um excelente projeto para desenvolver as habilidades ministeriais da família é descobrir os dons espirituais de cada um e demonstrar espírito de serviço ao assumir a responsabilidade por um ministério da igreja. Opções incluem a escola bíblica de férias de uma congregação da igreja, o culto infantil, uma classe de escola bíblica dominical, o clube bíblico no quintal ou algum outro projeto de curto ou longo prazo. A família deve gastar

100 | 101 ideias criativas para família

um bom tempo em oração, planejamento, ensaios, preparação e avaliação posterior.

89 Projeto arrastão

Incentive seus filhos a convidar os amigos do bairro para participar da escola bíblica dominical ou outro trabalho apropriado da igreja. Os convites poderão ser feitos formalmente, confeccionados pela família com algum programa de computador.

- *Variação:* A programação poderá ser realizada mensalmente, aos sábados, em sua casa.

90 Brincando no orfanato

- *Material necessário:* Cânticos, fantoches, histórias etc.
- *Procedimento:* Leve toda a família para um orfanato (fale primeiro com a direção!) e passe um tempo com as crianças contando histórias, ensinando músicas, fazendo esquetes, brincando etc.
- *Variação:* Em vez de visitar o orfanato, a família pode visitar um asilo, entregar cartões feitos pelas crianças para pessoas de idade e dar pequenas lembranças.

91 Jantar dos vizinhos

Que tal marcar jantares especiais de vez em quando com seus vizinhos? Seria uma ótima oportunidade para conhecê-los melhor e compartilhar o evangelho. O jantar pode ser com um ou dois casais, ou pode-se fazer um *juntar panelas* com várias famílias. Pode-se até pensar em festas para celebrar eventos ou dias especiais. Feriados como o Natal são particularmente apropriados para festas da vizinhança.

Ideias para o ministério familiar | 101

- *Variação:* Teatro bíblico — Convide toda a vizinhança para assistir a um teatrinho. O ingresso é um quilo de alimento não perecível, que será destinado a uma família carente. Ensaie bem as peças, envolvendo toda a família.

92 Oferta familiar

Como parte de uma campanha de missões ou outro projeto da igreja, renunciem por algum tempo a um determinado prazer (passeio, sorvete, refrigerante) e entreguem o dinheiro poupado como oferta da família. Providenciem um cofre familiar — uma caixa ou uma lata com uma fenda —, onde todos depositam trocos, moedas ou outro dinheiro, conforme a disposição pessoal. O dinheiro poupado deve ser entregue na igreja, em nome da família, ou pode ser designado para algum projeto específico (sacos de cimento para construção, passagem para um missionário). O importante é que todos participem da entrega.

Outra opção é identificar uma família carente e montar uma cesta básica para entregar a ela (cada membro da família deve participar nas compras, que podem incluir itens especiais, e não somente arroz e feijão). Uma ou duas vezes ao ano, separem roupas usadas, brinquedos e outros objetos para dar aos necessitados.

93 O refúgio aberto

Uma ideia simples, mas cada vez mais rara, é o uso da família e do lar como centro de refrigério e hospitalidade para outros. A Bíblia nos convida à prática da hospitalidade várias vezes (veja Hebreus 13.2; 1Pedro 4.9; 1Timóteo 3.2; Tito 1.8). A família pode acolher ministros itinerantes, missionários em divulgação ou até mesmo pessoas em situação financeira difícil.

Certamente, a pessoa hospedada será abençoada, mas a família será muito mais. Os filhos ganharão uma visão do mundo, serão enriquecidos pelas experiências de pessoas das mais variadas e aprenderão a dar de si sem motivação egoísta.

10

Ideias para
finanças

Ideias para finanças | 105

As finanças de muitas famílias são um verdadeiro inferno, um completo caos, causando aflição e discussão e sendo até mesmo arma do inimigo para derrubar o lar. Por isso, a família cristã precisa preocupar-se com sua vida financeira. Para ajudar nesta tarefa delicada, alistamos alguns princípios bíblicos sobre equilíbrio financeiro, seguidos por ideias práticas e criativas visando a este fim.

Princípios bíblicos sobre finanças:

1. Deus é o dono de tudo (Salmo 24.1).
2. As primícias pertencem ao Senhor (Provérbios 3.9,10).
3. Deus pede fidelidade na mordomia dos bens, mantendo prioridades eternas sempre em vista (Mateus 25.14 ss.; 1Coríntios 4.1-5; Mateus 6.19-21,33).
4. As necessidades da família têm precedência sobre as necessidades de outros (1Timóteo 5.8).
5. As necessidades da família da fé têm precedência sobre as necessidades dos incrédulos (Gálatas 6.10).
6. Deus cuida das necessidades dos seus filhos que são fiéis na contribuição (Filipenses 4.19; 2Coríntios 9.7-11).

106 | 101 ideias criativas para família

7. O homem sábio prepara-se para o futuro, poupando o suficiente para cuidar das necessidades da sua família (Provérbios 13.22).
8. O cristão preocupa-se com as necessidades dos pobres e aflitos ao seu redor (Gl 6.10; Pv 21.13; 24.27; 29.7; 31.20; Sl 112.5,9).

94 Crédito automático

- **Material necessário:** Prepare algumas fichas com a inscrição "bônus — R$ _____".

- **Procedimento:** Defina algumas tarefas especiais para seus filhos fazerem durante a semana (aparar a grama, regar o jardim, lavar a louça, lavar o carro, varrer a varanda). Cada tarefa cumprida é equivalente a um bônus, cujo valor será determinado previamente pelo pai e entregue aos filhos logo após o cumprimento do serviço. No fim da semana, os bônus serão trocados no *setor de câmbio* do papai.

- *Variação 1:* Débito automático — planeje antecipadamente as viagens, os passeios ou os projetos especiais da família. Examine o orçamento e defina um valor que mensalmente poderá ser transferido para uma poupança. Defina cortes que poderão ser feitos no orçamento (ir para o trabalho de ônibus duas vezes na semana, diminuir consumo de doces, refrigerantes, gastos com passeios) e poderão contribuir com o objetivo. Todos devem estar envolvidos e ser lembrados periodicamente do objetivo. Solicite ao banco que todos os meses transfira automaticamente o valor da conta corrente para a conta poupança.

- *Variação 2:* As tarefas poderão ser definidas para um período de tempo maior (um mês, um bimestre etc.).

Ideias para finanças | 107

95 Cartão de crédito

- *Material necessário:* Fichas no formato de cartões de crédito, contendo as inscrições "Vale 1 sorvete", "Vale 1 pizza", "Vale 1 hora de boliche", "Vale 1 hora de patinação no gelo", "Vale 1 hora de futebol".

- *Procedimento:* Entregue os cartões no início do semestre e estipule uma regra dizendo quantos créditos poderão ser usados por mês e qual prazo você terá para pagamento (do vale). Aproveite esses momentos a sós com seus filhos para uma boa conversa e para aprofundar a amizade.

96 Tarefas de casa

As crianças devem desempenhar tarefas diárias como membros responsáveis do *time* familiar. Podem também receber uma mesada semanal, mas isto não é necessário para justificar as tarefas. Mesmo que a família tenha uma empregada ou outro ajudante em casa, os filhos precisam aprender princípios de diligência e excelência no serviço, e não há contexto melhor que o das tarefas de casa para ensinar isso.

É uma boa ideia criar uma tabela ou um gráfico apropriado para a idade da criança, listando (ou desenhando) suas tarefas diárias e semanais. Pode-se colocar uma estrela ou um adesivo no lugar de cada tarefa completada. Sugestões de tarefas incluem:

- Arrumar a cama e o quarto
- Guardar as roupas
- Escovar os dentes
- Pôr e/ou tirar a mesa
- Lavar a louça
- Molhar as plantas no quintal
- Varrer o chão

108 | 101 ideias criativas para família

- Cuidar dos bichos de estimação (limpeza, comida, água)
- Jogar o lixo fora

97 O orçamento familiar

■ *Material necessário:* 100 moedas.

■ *Procedimento:* O propósito desta atividade é demonstrar aos filhos, de forma concreta, os gastos mensais da família e, ao mesmo tempo, ensinar princípios bíblicos sobre finanças. Para isso, é necessário que os pais tenham um bom conhecimento das entradas e saídas mensais.

Comece explicando alguns princípios bíblicos sobre finanças. Em seguida, explique que as moedas representam as entradas mensais e divida-as em pequenos montes, para visualizar os gastos mensais nas várias áreas (isto pressupõe que a família tenha um orçamento e saiba para onde vai seu dinheiro!). Vinte moedas podem representar os 20% de gastos no aluguel; 25 representam os 25% de gastos com a alimentação. Este exercício leva seus filhos a perceber melhor as pressões financeiras que a família enfrenta. Também ajuda muito naquelas horas em que eles pedem doces e brinquedos no supermercado. Ao mesmo tempo, estabelece princípios bíblicos sobre finanças que eles colocarão em prática mais tarde, no uso de seu próprio dinheiro. Finalmente, incentiva a mordomia cristã na área de finanças, salientando o senhorio de Cristo sobre tudo o que temos.

98 Projeto economia

■ *Material necessário:* Xerox das contas de água, luz e telefone do último mês.

■ *Procedimento:* Entregue uma cópia das contas para cada membro da família. Faça a proposta de que, se conseguirem

Ideias para finanças | 109

baixar o valor de cada uma das três contas (em relação ao mesmo mês do ano anterior) com economias diversas, a família sairá para um passeio especial (pizza, sorvete, parque ou outro passeio). Do mesmo modo, peça para que não desperdicem alimentos (enchendo o prato e depois jogando comida fora). Avise a todos que, assim como haverá recompensas por economias, haverá também perda de privilégios se, de repente, as contas subirem de novo. Mesmo gastando dinheiro na premiação, os novos hábitos adquiridos pela família recompensarão muito a longo prazo.

99 O valor do real

Você já ficou irritado quando uma criança mimada quebrou um brinquedo ou outro objeto em sua casa e falou, com indiferença: "Você pode comprar outro", como se o dinheiro crescesse nas árvores? Para ajudar seus filhos a entender o valor real das coisas, seria bom adotar algumas estratégias:

- Não comprar tudo o que eles querem na hora em que eles querem. Ensine seus filhos a esperar.
- Dar tarefas extras (pagas) além das normais para seus filhos aprenderem a trabalhar pelo que querem. Tome cuidado para não pagar um valor exagerado pelo serviço prestado! Eles precisam aprender que a nova bicicleta desejada custará "x" horas de trabalho duro!
- Pedir que eles participem do próprio sustento. Seus filhos adolescentes podem ser responsáveis pela compra do próprio tênis ou por outra despesa semelhante.

100 Quanto custa?

- *Material necessário:* Vários itens de higiene e alimentação que a família compra com certa regularidade; prêmios.

- *Procedimento:* Divida a família em times ou faça uma competição entre todos. Coloque um dos itens mencionados sobre a mesa e peça para todos adivinharem o preço. Entregue um pequeno prêmio para a pessoa que mais se aproximar do preço real. Continue com todos os objetos. Esta ideia ajuda a conscientizar todos sobre o valor das coisas usadas pela família.

101 Multiplicando os talentos

- *Material necessário:* Um valor "x" entregue para cada membro da família.
- *Procedimento:* A parábola dos talentos (Mateus 25.14-30) nos fornece uma ótima oportunidade para ensinar a nossos filhos os princípios da mordomia. Entregue a cada um o valor "x" predeterminado (R$ 1; R$ 3; R$ 5 ou R$ 10) e explique que sua responsabilidade será aplicar esse dinheiro de tal forma que, no fim de um prazo estipulado (por exemplo, um mês), dê o maior retorno possível. A criança pode comprar algo para vender, fazer suco, balas ou artesanatos. Mantenha um registro semanal do progresso de cada um. Aproveite para falar sobre a importância de mordomia, diligência, trabalho etc.

Conclusão

Um último cenário: Durante o último ano, a família Santos tem se reunido cada quinta-feira para a "noite da família". Não foi fácil *limpar* sua agenda, e às vezes ficou impossível proteger a noite. Mas tem sido, sem dúvida, o ponto alto da semana para todos. Hoje, no café, a família conversa...

MÃE: O que vamos fazer hoje para nossa "noite da família"?

PAI: Querem terminar o brasão da família?

JÚNIOR: Legal, pai! O senhor achou a última miniatura!

MARIA: Podemos fazer um jantar progressivo também?

MÃE: Fizemos um jantar progressivo na semana retrasada... Hoje nosso lanche será um café colonial.

JÚNIOR: Pai, não está na hora de mandar um pacote para nosso missionário?

PAI: Tem razão, filho. Faz um bom tempo. Mas que tal semana que vem?

MÃE: Então, o que vamos fazer depois de terminar o brasão?

PAI: Vamos assistir à televisão?

TODOS: Aaaahhhhh...

MÃE: Falando em televisão, alguém viu a nossa? Faz tempo que não a vejo.

JÚNIOR: Acho que está debaixo do mapa da Terra Prometida que fizemos semana...

MARIA (interrompendo): Mãe, posso ir ao *shopping* depois da escola?

MÃE: Pergunte para seu pai.

MARIA: Ele me mandou falar com a senhora.

Algumas ideias não mudam nunca.

Apêndices

PACTO FAMILIAR
Padrões de namoro

Comprometo-me a namorar...

1) Somente com crentes;
2) Somente com crentes com o mesmo compromisso com Deus;
3) Somente com a aprovação dos meus pais;
4) Sem contato físico até chegar ao compromisso mútuo, visando o casamento.

_____

Assinatura

_____

Testemunha

____ / ____ / ____

Data

Namoro, noivado e casamento

Aliança da família _____

CRENDO:

1. Que o casamento é uma instituição sagrada, ordenada por Deus para a vida;
2. Que Deus colocou os pais na posição de orientar seus filhos acerca da vontade dele para o casamento; e que os filhos têm a responsabilidade de respeitar, honrar e se submeter à liderança de seus pais;
3. Que a união de dois indivíduos em casamento também une suas famílias;
4. Que os pais podem e devem ser os guardiões da pureza emocional, mental e física de seus filhos;
5. Que o casamento, para o crente dentro do plano de Deus, deve ser somente com outros crentes com os mesmos propósitos e direção de vida;
6. Que a "multidão de conselheiros" que dá segurança nas decisões da vida pode e deve incluir todos os membros da família mais próxima.

PROMETO observar os seguintes padrões em meus relacionamentos com o sexo oposto:

1. Guardar as minhas emoções de fantasias sobre namoro, amor e casamento;
2. Compartilhar com meus pais os meus interesses, amizades e sonhos sobre membros do sexo oposto;
3. Informá-los quando alguém se aproxima de mim com interesse em um relacionamento mais sério;
4. Preparar uma lista de qualidades desejáveis num cônjuge e tornar essa lista um assunto de oração;

Apêndices | 117

5. Desenvolver amizades saudáveis com um grupo grande de pessoas de ambos os sexos;
6. Desenvolver amizades mais profundas somente com crentes com a mesma direção e o mesmo propósito de vida;
7. Não conversar sobre um relacionamento mais sério de namoro, noivado ou casamento sem primeiro obter a permissão dos meus pais e a aprovação/incentivo da minha família mais próxima;
8. Preservar minha pureza em todos os relacionamentos com o sexo oposto, evitando contato físico antes do compromisso para casar e situações que aumentam a tentação e estabelecendo hábitos saudáveis de pensamento e entretenimento;
9. Ouvir o conselho dos meus pais e obedecer às decisões deles em todas as questões que dizem respeito ao meu coração e a relacionamentos com pessoas do sexo oposto.

_____

Assinatura

Data: ___ / ___ /___

_____

Assinatura

Data: ___ / ___ /___

_____

Assinatura

Data: ___ / ___ /___

Notas

[1] COX Jr., David N.

[2] EZZO, Gary e Anne Marie. *Educação de filhos à maneira de Deus*. Pompeia, SP, 1997, p. 50.

[3] COX, David N. *Aumento da casa de amor*. Seminário Bíblico Palavra da Vida.

[4] Um livreto que recomendamos sobre disciplina de crianças é *Crianças — Prazer ou irritação*, de Anselmo e Patrícia Fabrizio (Sepal, 1986).

[5] WRIGHT, Norman H. *Comunicação: a chave para o seu casamento*. São Paulo: Mundo Cristão, 1986, pp. 177,178.

[6] EZZO, Gary e Anne Marie. Op. cit., pp. 87-96.

[7] Adaptado do currículo *Growing Through the Middle Years* (*Crescendo através das idades intermediárias*), por Gary e Anne Marie Ezzo, Growing Families International.

[8] Adaptado de EZZO, Gary e Anne Marie. *Growing Through the Middle Years*.

[9] www.portaldafamilia.org/datas/bodas/bodas_shtml.

120 | 101 ideias criativas para família

[10] Esta ideia é uma adaptação de uma sugestão do livro *Best Friends for Life* (*Os melhores amigos por toda a vida*), de Michael e Judy Phillips.

[11] Adaptado de *Filhos felizes*, do dr. Ross Campbell, p. 59.

[12] Adaptado de *Nós temos filhos*, de Jaime Kemp, p. 33.